공무원
N잡의
정 석

공무원 N잡의 정석
: 공무원 크리에이터를 위한
정정당당 겸직 가이드와
플랫폼별 콘텐츠 노하우

1판 1쇄 발행   2024년 9월 30일

지은이   퇴근맨 김민규

펴낸이   이형세
펴낸곳   테크빌교육(주)
주소   서울시 강남구 언주로 551, 프라자빌딩 5층
전화   02-3442-7783(333)
기획   한아정
책임편집   윤정기
디자인   순순아빠

ISBN   979-11-6346-192-0 03320

책값은 뒤표지에 있습니다.

테크빌 교육 채널에서 교육 정보와 다양한 영상 자료, 이벤트를 만나세요!
블로그   blog.naver.com/njoyschoolbooks
페이스북   facebook.com./njoyschool79
티처빌   teacherville.co.kr
쌤동네   ssam.teacherville.co.kr
티처몰   shop.teacherville.co.kr

공우원 잡의 정석

퇴근맨 김민규
지음

테크빌교육

차례

지금이 단군 이래
가장 돈 벌기 좋은 시대라는데

여느 때와 같이 유튜브 세상을 뒤적거리다 도저히 납득하기 어려운 문구가 눈에 띄었습니다.

'지금이 단군 이래 가장 돈 벌기 좋은 시대인 이유.'

불쾌함과 호기심으로 클릭한 이 5분짜리 영상은 잔잔했던 제 삶에 조그만 돌을 던졌습니다. 그리고 그 작은 균열은 마치 나비효과처럼 제 삶 전체를 뒤흔들어 놓았습니다. 영상에 담긴 메시지는 간단했습니다.

'시대가 격변하고 있고 그 안에 수많은 기회가 숨어 있다. 그리고 마음만 먹으면 누구나 그 기회를 잡을 수 있다.'

사실 지금 생각해 보면 특별한 이야기는 아닙니다. 그런데 당시엔 전혀 들어 본 적 없는 이야기였고, 솔직히 말하면 들을 생각도 없었습니다. 그만큼 세상이 어떻게 흘러가는지 전혀 관심이 없었던 거죠. 그저 쳇바퀴처럼 흘러가는 안정적인 현실을 만끽하고 있었습니다. 사회에서 요구하는 대로 공부했고, 대학에 갔고, 안정적이라는 공무원이 됐으니 충분하다고 생각했습니다. 현자들은 인생을 마라톤에 비유하지만 저는 그저 '내 할 일은 여기까지요!' 하며 바통을 그만 넘기고 싶었습니다.

중학생이 되니 '초등학교와는 달라, 이제 시작이지.'
고등학생이 되니 '중학교와는 달라, 이제 진짜 시작이야. 마음 단단히 먹어.'
대학생이 되니 '학창시절이 좋았지, 취업 준비. 진짜 어른의 세계. 사회로 가는 시작이다.'

그렇게 드디어 공무원이 되었습니다. 이제는 정말 그만 시작하고 싶었습니다.
그런데 어쩌겠습니까? 여전히 달려야 할 코스는 한참 남았는걸요. 심지어 이번에는 경사도 심하고, 기본 장비도 제각각입니다. 30년 동안 운동화 하나만 신고 열심히 달려온 노력을 비웃기라도 하듯 자전거, 오토바이, 자동차를 타고 달리는 사람들이 무지막지하게 많습니다.
'이건 반칙 아닌가?' 당연히 모두 두 발로 달릴 거라는 순진한 착각을 하고 있었습니다. 그제야 깨닫게 됩니다. 제가 달리고 있는 무대는 '누구든 공평하게 기회를 주는 학교'가 아니라 '차갑디 차가운 자본주의 사회'라는 사실을, 그리고 '소중한 가치'를 지키기 위해선 '돈'이 필요한 사회라는 사실을 말이죠.

그럼 취업 이후의 다음 목적지는 무엇일까요? '내 집 마련, 결혼, 저축, 투자, 노후 준비' 등 다양한 이름으로 불리지만 한마디로 '풍요로운 삶, 경제적 자유'로 표현할 수 있습니다. 그런데 아무리 눈을 비비고 살펴봐도 다음 목적지는 도저히 닿을 수 없는 거리에 있다고 느껴집니다.

어떤 이는 지금 가진 것에 만족하면 될 일이라며 천천히 걸으라고 말합니다. 하지만 수많은 광고판에서 한참 앞서간 사람들의 모습을 보여주며 "너는 패배자야!"라는 소리를 쉴 새 없이 쏟아낸다면? 대부분 자책을 넘어 죄책감까지 느끼며 삶을 살아갈 수밖에 없지 않을까요?

개인적으로 좋아하는 표현은 아니지만 저는 흙수저이고 공무원 월급은 작고 귀엽다고 소문이 자자합니다. 쉽게 말해 열심히 일을 한다고 해서 남들보다 앞서 나가기는커녕 중간 등수도 하기 힘든 사람인 것이죠. 그래서 아주 가끔 저 멀리 달려가고 있는 사람들을 보면서도 애써 불편한 마음을 억누르고 본체만체했습니다.

그러다 우연히 이 영상을 만나게 된 겁니다. '기회가 널렸는데 넌 지금 뭐 하고 있어?'라고 담담히 묻는 이 영상을. 마음 한쪽 구석에 꾸깃꾸깃 접어 넣어 두었던 종이를 슬쩍 꺼내 들었습니다. 그 종이엔 애써 외면했던 것들이 적혀 있었습니다.

'나도 부자가 되고 싶다'

'공무원인데 가능한가? 무엇부터 시작해야 할까?'

'다시 한번 뛰어 볼까?'

그렇게 시작되었습니다. 11년 차 공무원의 경제적 자유를 위한 치열한 여정은.

이 책은 소비와 낭비로 가득한 삶에서 벗어나 경제적 자유를 위해 생산적인 삶, 활기찬 삶으로 나아가고자 하는 공무원을 위해 적었습니다. 저는 빨리 부자 되는 법, 쉽게 돈 버는 법과 같은 기술을 알지 못합니다. 애초에 편법과 불법이 아닌 이상 그런 기술은 없다고 생각하기도 합니다.

이 책에서 소개하는 다양한 방법과 노하우는 비록 속도는 느리지만, 성장과 성공을 함께 얻을 수 있는 방안이라고 생각합니다. 본업을 유지하며 평소 무의미하게 소비하던 시간을 활용해 묵묵히, 꾸준히 의미 있는 내 것을 쌓아 가는 방법인 것이죠.

물론 저도 여전히 힘겹게 달리고 있습니다. 하지만 달려 본 것과 달려 보지 않은 것에는 상상도 못 할 차이가 있습니다. 세상만사 아는 만큼 보인다죠. 직접 이리저리 달리며 마주친 삶의 풍경들을 사람들과 나누고 싶었습니다. 달려 보지 않아 놓치고 있는 것은 무엇인지, 왜 우리가 달려야 하는지. 그리고 답답함을 느끼고 있으면서도 여전히 현실에 안주하며 제자리를 맴돌고 있는 사람들에게 첫 발걸음을 떼는 구체적인 방법을 알려 주고 싶었습니다.

지극히 평범한 11년 차 공무원이 치열하게 공부하고 경험하며 발견한 경제적 여유와 삶의 활력이라는 달콤한 열매를 이 책을 선택한 독자들이 맛볼 수 있길 바랍니다.

Chapter I.

공무원도
경제적 자유를
이룰 수
있을까

공무원이
정말
안정적일까

제 통장에 찍힌 첫 월급은 약 200만 원. 당시 초봉치곤 적지도 않고 많지도 않은 금액을 받으며 뛸 듯이 기뻤던 기억이 납니다. 부모님의 조언대로 절반은 적금에 넣고 절반은 생활비와 비상금으로 사용하며 앞으로 펼쳐질 밝은 미래를 어렴풋이 그려 나갔습니다. 하지만 그 밝은 미래는 이내 먹구름이 끼기 시작했죠. 하루하루 바쁜 일상에 치여 '오늘'만 사는 삶을 살아가고 있어서 그 사실을 늦게 알아차렸을 뿐.

처음으로 문제를 마주했을 때 경제적 어려움을 해결한다는 게 생각보다 쉽지 않은 문제라는 사실을 알게 되었습니다. 적금이 쌓이고 월급이 매년 올라가는 수준에 비해, 앞으로 살면서 꼭 필요한 돈이 너무나 많았습니다. 결혼, 집, 자동차 등 굵직굵직한 벽돌이 제 통장을 짓누르고 있었습니다. 부모님의 도움을 받아 이른 나이에 수도권 신축 아파트에서 신혼생활을 시작한 친구, 대기업에 들어가 신입사원 시절부터 열심히 저축해 종잣돈을 마련한 친구를 가까이에서 지켜보며 학창 시절엔 느끼지 못했던 열등감과 상대적 박탈감을 느끼기도 했습니다.

일단 외면했습니다. '그래도 공무원은 안정적이야, 잘릴 걱정은 없잖아.' 스스로 위로하며 다시 쳇바퀴 속으로 들어갔죠. 그렇게 하루하루를 소비와 낭비로 채워 나갔습니다. 물질적 소비와 시간의 낭비.

지극히 평범한 하루하루를 보내던 어느 날 우연히 TV에서 짐 캐리 주연의 〈트루먼 쇼〉를 보게 됐습니다. 주인공은 지극히 평범한 하루하루를 보내던 30세 보험회사원 트루먼 버뱅크. 어느 날 그는 하늘에서 조명이 떨어지고, 길을 걷다 돌아가신 아버지를 만나는 등 기괴한 일들을 겪게 됩니다. 사실 그가 사는 세상은 모두 거짓이었던 것이죠. 그는 그의 일거수일투족을 소재로 한 'TV 쇼'의 주인공이었습니다. 본인은 전혀 모르고 있다는 사실이 이 영화의 묘미입니다. 그가 과연 거짓된 삶이라는 진실에 어떻게 대처할지, 뒷부분은 직접 영화 속에서 확인하길 바랍니다.

영화에 너무 몰입해서인지 문득 '내 삶의 주인은 내가 맞나?' 하는 의문이 들었습니다. 전형적인 모범생 루트로 학창 시절부터 취업까지 걸어온 제 삶을 돌아보니 어른들이, 선생님들이 그리고 사회가 옳다고 말하는 길 위에서 살아왔을 뿐, 정작 제 생각은 전혀 반영하지 못했다는 사실을 깨달았습니다(물론 수동적인 게 편하기도 합니다). 한 번 시작된 생각은 멈출 기미를 보이지 않았습니다. 꼬리에 꼬리를 물고 '공무원'이라는 직업에까지 이르렀습니다.

'내가 평생 몸담게 될 공무원이란 직업이 진짜 안정적일까?'

검증이 필요했습니다. '안정'이란, 바뀌어 달라지지 않고 일정한 상태를 유지한다는 뜻입니다. 근로조건으로 볼 때 특별한 사유가 없다면 본인의 의사에 따라 정년까지 근무할 수 있기에 안정적인 게 맞습니다. 월급도 나라에서 주기 때문에 나라가 망하지 않는 이상 끊길 일이 없죠. 게다가 공무원 연금도 차곡차곡 쌓이고 있습니다.

그런데 조금 다른 방향에서 생각해 보면 어떨까요? 우리 사회는 점점 더 공무원에게 높은 도덕성은 기본이고, 높은 직무능력을 요구하고 있습니다. 지금이야 연공서열에 따른 호봉을 받으며 퇴직 때까지 점점 높아지는 급여를 받을 수 있지만, 이러한 상황도 오래 지속되지는 않을 겁니다. 공무원의 직무 효율성을 높이기 위해 임금 피크제나 경쟁 체제를 도입하는 방향의 논의가 진행되고 있고 머지않은 시일 내에 도입될 가능성이 있습니다. 그리고 그 흐름은 앞으로 더욱 가속화될 겁니다. 자 이제, 우리가 은퇴할 시기를 떠올려 볼까요? 지금보다 어려운 환경이 될 것만은 분명합니다.

노후 대비책 중 하나인 공무원 연금에 대해서도 잠시 생각해 봅시다. 2015년, 공무원 연금 고갈을 이유로 연금 지급 시기가 60세에서 65세로 늦춰졌습니다. 과연 여기서 끝날까요? 지금도 국고에서 보조금을 받는 상황입니다. 공무원 연금만 믿고 노후 준비를 탄탄하게 하고 있다고 생각한다면 큰코다칠 수 있습니다. 극단적인 상황을 떠올리고 싶진 않지만, 현실적으로 분명히 대비가 필요한 상황입니다.

그렇다면 우리 모두 늦기 전에 한 번쯤은 안정의 의미에 대해 깊이 고민해 봐야 하지 않을까요?

2

공무원은 부자가 될 수 없을까

그럼 얼마가 있어야 부자라고 부를 수 있을까요? 부자의 기준은 사람마다 다릅니다. 그래서 기사를 찾아봤습니다. 2024년 〈머니투데이〉에서 진행한 부자에 관한 대국민 설문조사에 따르면 응답자의 28.6%가 금융 자산과 부동산 등을 모두 포함한 총자산 10억 원 이상이면 부자로 생각한다고 합니다. 그리고 뒤를 이어 21.4%의 사람들은 20억 원 이상을 부자로 생각한다고 응답했습니다.

그럼 많은 사람이 생각하는 부자의 기준 중 최소 금액인 10억. 공무원이 자력으로 모으기 위해선 얼마나 걸릴까요?

편의를 위해 현재 가치 기준으로 계산해 보겠습니다. 28세 첫 임용된 공무원의 근속 연수는 대략 30년입니다. 직렬마다, 사람마다 천차만별이겠지만 첫해 연봉(수당 포함)은 세후 3천만 원, 그해 30년 근속자는 대략 7천만 원 정도를 받습니다. 그렇다면 근속 기간 전체의 평균 연봉은 5천만 원 정도라고 볼 수 있죠. 사회생활을 하면서 혼자 사는 성인이 1년에 대략 2천5백만 원을 소비한다고 가정한다면, 결국 근속 기간 전체의 1년 평균 저축액은 2천5백만 원입니다. 즉 40년간 10억 원. 실제로 물가상승률을 생각하면 연봉도 오르기에 더 큰 금액을 모을 수는 있겠지만, 화폐 가치는 하락함과 동시에 부자의 기준은 올라가 있을 겁니다. 게다가 이것은 혼자 살았을 때의 이야기이고, 결혼, 출산, 육아, 교육 등에 지출이 추가된다면 부자가 될 길은 요원해 보입니다.

우리는 누구나 현재의 삶을 마음껏 누리면서 빠르게 부자가 되길 원합니다. 하지만 모두가 알고 있듯 그건 쉽지 않은 일이죠. 특별히 물려받은 것 없이 자력으로 삶을 헤쳐 나가야 하는 공무원이라면 특히 가능성은 더욱 낮아집니다.

하지만 괜찮습니다. 좌절감을 느끼고 포기하지만 않으면 됩니다. 저역시 이 책을 펼쳐 든 독자분들처럼 먼저 방법을 찾아보기로 했습니다. 무일푼으로 시작해 10년 만에 순자산 4천억 원을 이룬, 전 세계에서 가장 큰 도시락 회사 '스노우폭스'의 CEO 김승호 회장은 그의 책 『돈의 속성』에서 우리가 부자가 되는 방법엔 세 가지가 있다고 말합니다. '상속을 받거나, 복권에 당첨되거나, 사업에 성공하거나.' 앞의 두 가지는 자력으로 통제하는 것이 불가능하니 마지막 방법에 집중해 보도록 합시다. 사업은 두 가지 방법으로 나뉩니다. 직접 창업을 하거나 남의 성공에 올라타거나.

공무원은 원칙적으로 사업을 할 수 없습니다. 하지만 방법이 있죠. 사업의 본질은 재화와 서비스를 생산하는 겁니다. 공무원이 생산해 낼 수 있고 수입까지 얻을 수 있는 구조를 떠올려 보세요. 지금 당장 떠오르는 게 없으실 겁니다. 당연합니다. 그게 바로 제가 이 책을 쓰게 된 이유이기도 합니다. 먼저, 공무원은 지식을 생산해 수입을 창출하는 일이 가능합니다. 즉, 지식창업이 가능합니다. 그 방법에 대해선 뒤에서 상세하게 풀어 보겠습니다.

또 한 가지 방법이 있습니다. 남의 성공에 올라타는 방법. 그게 바로 주식 투자입니다. 성공하고 있는, 앞으로 성공할 것 같은 기업에 자금을 투자하여 그들이 일할 수 있도록 돕는 겁니다. 투자의 대가들이 말하는 기본 원칙만 잘 지킨다면 우리가 직접 사업하지 않으면서도 기업의 이익을 나눠 가질 수 있는 권리를 얻을 수 있습니다.

삶을 살아가는 방식엔 두 가지가 있습니다. 소비하는 삶, 그리고 반대로 생산하는 삶. 옳고 그름, 좋고 나쁨을 따지고자 꺼낸 이야기는 아닙니다. 우리는 소비도 하고 생산도 해야 합니다. 하지만 그 둘 사이에 균형이 잡혀야 삶의 질이 높아진다는 게 제 소박한 지론입니다.

여러분은 그동안 소비와 생산 중 어떤 것을 중심으로 살아오셨나요? 저는 무지막지한 소비로 삶을 채워 왔습니다. 부자처럼 보이기 위해 최선을 다했습니다. 비싼 옷, 당장 필요하지 않은 자동차, 건강은커녕 SNS 업로드를 위해 선택한 음식과 호화여행 등. 부자가 되기 위해 노력하지 않고 부자처럼 보이는 데 집중해 왔던 겁니다. 이제는 우리의 삶을 소비보다는 생산적인 것들로 채워 나가면 어떨까요? 단순히 부의 문제가 아닙니다. 경험상 소비의 기쁨은 일시적입니다. 하지만 생산의 기쁨은 차곡차곡 쌓이고 시간이 갈수록 더욱 삶을 풍족하게 해 준다는 걸 느꼈습니다. 부자인 척하는 데 들이는 노력의 절반을 실제 부자가 되는 데 나눠보기를 강력히 권합니다.

바야흐로 개인의 시대입니다. 여전히 공무원 합격과 대기업 입사를 위해 청춘을 바치고 있는 젊은이들이 많지만, 정작 직장인들 사이에선 새로운 바람이 불고 있습니다.

'퇴사와 이직 그리고 N잡'

즉, 평생직장의 개념 대신 개인의 경쟁력을 키워 자신이 좋아하고 잘하는 일로 돈 버는 삶을 택하기 시작한 것이죠. 이미 유튜버는 초등학생 희망직업 조사에서 의사와 요리사를 제치고 상위권을 기록하고 있고, 불과 몇 년 전만 해도 생소하게 들렸던 1인 기업, 디지털노마드,

N잡러, 긱 이코노미 등의 단어가 삶에 스며든 걸 보면 흐름은 이미 충분히 시작되었음을 알 수 있습니다.

『개인의 시대가 온다』의 서준렬 작가는 "특정 회사에 얽매이지 않는 '자발적 비정규직'의 일종인 프리랜서가 증가하는 새로운 경제, 사회적인 체제는 어느 한 나라에서만 발생하는 것이 아니라 글로벌하게 발생하는 보편적인 현상"이라고 말합니다. 우리나라 역시 이 흐름을 타고 '능력 있는 개인'들이 인정받는 분위기가 퍼져 나가고 있습니다.

잘 다니던 직장을 때려치우고 유튜버가 되기도 하고 직장을 다니면서 온라인을 통해 직접 매장을 차려 물건을 팔기도 하죠. 또 자신이 가진 지식과 경험을 토대로 책을 쓰거나 강의를 합니다. '월 천만 원'이라는 어마어마한 금액을 월급 외 부수입으로 만들어 내고 있는 이들의 이야기가 각종 매체를 통해 매일 들려옵니다. 이처럼 능력 있는 개인들이 대거 등장하며 우리나라 역시 '프리랜서'가 증가하는 새로운 경제 현상이 자리 잡고 있습니다.

이런 새로운 시대에 공무원은 어떻게 살아가야 할까요?

우리에게 주어진 선택지는 두 가지입니다. 흐름을 따르거나 아니면 못 본 체하거나. 대개 공무원은 N잡, 월급 외 부수입, 퇴사와는 거리가 먼 직업이라고 생각합니다. 그래서 세상이 변하든 말든 남 일처럼 멀뚱멀뚱 지켜볼 뿐이죠. 현재의 삶에 만족한다면 당연히 지켜보는 게 만족스러운 선택지일 수 있습니다. 하지만 분명 저처럼 아닌 사람도 있을 겁니다.

이 책을 읽고 있는 여러분도 저와 같은 부류일 가능성이 높습니다. 그렇다면 방법을 찾아야겠죠. 결론부터 말하자면 방법이 있습니다. 합법적인 방법으로 공무원도 N잡(겸직) 할 수 있고, 월급 외 부수입을 창출할 수 있습니다. 앞서 말했듯 평생직장과 월급만 믿고 살아가는 세상은 끝났습니다. 월급이 작고 귀여운 수준으로 인상될 동안 집값, 물가는 무섭게 뛰고 있습니다. 경제적으로 뒤처지지 않기 위해서도, 나 자신이 중심이 되는 삶을 살아가기 위해서도 특단의 조치가 필요합니다.

멈춰버린 공무원이 되고 싶지 않다면

그렇다면 당장 무엇부터 시작해야 할까요?

처음엔 막막한 게 당연합니다. 특히 공무원이라는 목표를 달성한 이후 새로운 목표가 없는, 무의미한 하루하루를 보내고 있는 분들도 많을 겁니다. 문제는 모든 일에 끝이 있듯 생각 없이 사는 것도 분명 지치는 시기가 온다는 거죠. 그 틈을 타 외면했던 문제들이 눈과 귀로 마구 쏟아져 들어옵니다.

그래서 저는 처음엔 그동안 하고 싶은 것들을 무엇이든 해 봤습니다. 출근 전 새벽 수영도 다녀 보고, 관심 있던 분야의 강의도 마구 찾아 들었죠. 난생처음 독서 모임에도 참여해 보고, 주말이면 일부러 서울 이곳저곳 분위기 좋은 카페를 찾아가 책도 읽고 사진도 찍었습니다. 그리고 처음으로 블로그에 공개 글을 썼습니다.

운이 좋았습니다. 공무원이 할 수 있는 겸직의 핵심 키워드는 '콘텐츠 생산'입니다. 내 이야기를 통해 글을 쓰고, 유튜브를 찍고, 책을 쓰고 강의를 하는 일들은 모두 겸직 허가를 받을 수 있습니다. 저는 당시 블로그로 수익을 만들 수 있다는 사실도 몰랐고 그게 겸직 허가가 가능한지는 더더욱 몰랐습니다. 막연히 언젠가 '내 이름으로 된 책 한 권 남기고 싶다'는 꿈이 있었고, 그 꿈을 이루기 위해 당장은 그냥 글을 써야 했을 뿐입니다.

운이 좋았습니다. 블로그 세상에는 생산적인 사람들이 바글바글했습니다. 인간은 환경의 영향을 지대하게 받습니다. 주변 사람들이 술을 좋아하면 자연스레 술자리를 자주 갖게 되고, 모두 주식 투자를 하고 있다면 나도 모르게 주식에 관심이 생기게 됩니다. 그럼 생산적인 사람들 사이에 있게 되면 어떻게 될까요? 나도 모르게 생산적인 사고와 행동을 하게 됩니다. 그렇게 매일 글쓰기 모임에 참여하며 독서, 필사, 운동, 미라클 모닝, 긍정확언 등 각종 자기계발을 몸소 경험할 수 있었습니다.

운이 정말 좋았습니다. 생산적인 사람들 틈에서 그렇게 생산적인 하루하루를 보내다 보니 블로그에서 첫 수익이 발생했습니다. 무려 7천 원. 두 달 동안 하루도 빠짐없이 내리 글을 써서 얻은 수익이 7천 원이라고 말하면 대부분 '고작?'이라는 생각이 들 수밖에 없다고 생각합니다. 하지만 저는 그 7천 원 덕분에 삶의 쳇바퀴 속에서 더 이상 안주하지 않고 빠져나올 수 있었습니다. 저에게만큼은 정말 역대급 7천 원이었습니다.

그렇게 공무원 겸직에 적극적으로 관심을 갖게 되었고 이 길이 '수익'과 '성장'을 함께 잡는 길이 될 수 있겠다는 확신이 들었습니다. 유튜브를 시작했고 브런치를 열 번 만에 합격했고 블로그는 상위 1%에 속하기도 했습니다. 이제는 온라인이든 오프라인이든 강의도 능숙하게 합니다. 강의 평점도 꽤 좋은 편입니다. 그리고 마음이 맞는 분들과 공동으로 책도 내게 되었고, 이제는 정말 막연하게만 보였던 제 이름을 건 책 쓰기까지 이렇게 경험해 보고 있습니다. 7천 원이 훨씬 더 큰 가치를 만들어내는 데 일조한 거죠. 이 정도면 역대급 7천 원에 어느 정도 수긍하실 거라 생각합니다(아니라면 어쩔 수 없지만요).

물리학에 관성이라는 개념이 있습니다. 관성은 물체가 현재의 상태를 유지하려는 힘을 말합니다. 어려운 과학적 개념은 차치하고 쉽게 말해, 정지해 있는 물체는 계속 정지해 있고, 움직이는 물체는 계속해서 움직이는 상태를 유지하려 한다는 겁니다. 저는 이 관성이 우리의 삶에도 적용할 수 있는 개념이라고 생각합니다. 누워 있으면 계속 누워 있고 싶고 멈춰 있으면 계속 멈춰 있고 싶습니다(저만 그런가요?) 마찬가지로 일상의 쳇바퀴 속에서 살다 보면 특별한 일이 없는 한 그 관성의 힘 때문에 계속해서 쳇바퀴 같은 삶을 살아가게 됩니다.

정지해 있는 삶, 쳇바퀴 같은 삶을 변화시키기 위해선 처음엔 자극이 필요합니다. 제게는 우연히 본 유튜버의 영상이 자극을 주었습니다. 그렇게 정지되어 있던 삶이 움직이기 시작했죠. 삶의 지루함, 경제적인 어려움, 유명해지고 싶은 욕구, 가족과 주변 사람들의 자극 등 자신만의 이유가 있을 겁니다. 그 자극을 관성을 바꾸는 힘으로 삼아 보면 어떨까요? 딱 한 번만 움직이면 그때부터 관성은 움직이는 힘의 편이 됩니다.

관성을 움직이는 힘으로 만드는 일, 가장 먼저 해야 할 일입니다.

5

지식과 경험만
있다면
공무원도
할 수 있다

"저는 콘텐츠로 만들 만한 게 없는데요?"

유튜브를 해 보고 싶었습니다. 그런데 아무리 생각해도 만들 수 있는 콘텐츠가 없었습니다. "정말 콘텐츠로 만들 만한 게 없는데…." 그 생각을 깰 수 있었던 건 이번에도 유튜브였습니다. 유튜버 'N잡하는 허대리' 님은 여러 영상을 통해 '왕초보'에게 필요한 콘텐츠는 꼭 '전문가'가 아니어도 수요가 있다는 것을 전하고 있습니다. 쉽게 말해 우리가 적은 글, 우리가 만든 영상이 분명 누군가에게는 도움이 될 수 있다는 얘깁니다.

물론 더 많은 도움, 더 큰 도움을 주기 위해서는 연습과 노력, 충분한 시간이 필요합니다. 하지만 지금 당장 중요한 건 우리의 콘텐츠도 분명 누군가에게 도움이 될 수 있다는 사실입니다. 지금까지 경험한 것, 공부한 것, 생각한 것을 다시 한번 천천히 생각해 봅시다. 적어 보면 더 좋습니다. 우리는 모두 자신만의 경험, 지식을 가지고 있습니다. 나와 완전히 똑같은 경험과 지식을 쌓은 사람은 없습니다. 가능성은 매우 희박하지만, 만약 그런 사람을 발견한다면 그것마저 당신만의 경험이 됩니다.

잠시 제 얘기를 하자면, 저는 군대에서 '대체 이 시간을 어떻게 소중하게 보낼 수 있을까?' 고민하다 독서에 매진하기로 결심했습니다. 그래서 전역할 때까지 100권 이상의 책을 미친 듯이 읽었고 그때 쌓은 독서 습관을 바탕으로 전역 후에는 경제경영, 에세이 등 다양한 분야의 책을 섭렵했습니다. 하지만 습관이 자리 잡은 것에 비해 독서의 깊이는 쉽게 달라지지 않았습니다(여전히 매우 얕은 편입니다.). 그래도 이제는 독서를 특기보다는 취미라고 자신 있게 말할 수 있는 수준은 됩니다. 갑자기 웬 독서 이야기냐고요?

처음 유튜브를 시작하기 위해 열심히 머리를 굴려봐도 도저히 어떤 콘텐츠를 다뤄야 할지 답이 나오지 않았습니다. 그때 읽게 된 책이 유튜버 '대도서관'이 쓴 『유튜브의 신』이었습니다. 책에는 대도서관 채널이 어떻게 탄생했고 그 과정에서 어떤 우여곡절이 있었는지, 그리고 유튜브 운영 노하우 등이 이해하기 쉽게 담겨 있었습니다. 그리고 정말 중요한 유튜브 성공 비결이 아주 간결하게 단 한 문장으로 정리되어 있었습니다.

"일주일에 2~3회씩 업로드할 수 있는 콘텐츠를
1년간 꾸준히 업로드해라."

밑져야 본전이라는 생각으로 꾸준히 할 수 있는 (이미 매일 하고 있던) 책을 주제로 콘텐츠를 만들어 보기로 했습니다. 그렇게 감명 깊게 읽은 책을 한 권 한 권 정성 들여 리뷰하기 시작했고 9개월이 지났을 시점에 구독자 5천 명, 5년이 지난 지금은 구독자 1만 3천 명이 넘는 채널이 되었습니다. 잘하는 것으로 시작할 수 있다면 물론 좋겠지만, 그것보다 더 중요한 건 지속할 수 있는 것으로 시작하는 것이라는 사실을 깨달았습니다.

여러분도 분명히 무언가 하고 있을 겁니다. 매일 하루 종일 밥만 먹고 아무 생각 없이 침대에 누워 시간을 보내진 않을 겁니다. 드라마나 영화를 보든, 게임을 하든, 친구와 수다를 떨든, 카페를 다니든 무엇이든 좋습니다. 처음부터 완벽한 콘텐츠를 만들기 위해 애쓰지 말아야 합니다. 그럼 시작할 에너지조차 사라지게 됩니다. 정말 가벼운 마음으로, 지속 가능한 주제로 꾸준히 콘텐츠를 만들어 보세요.

아차, 혹시 하고 싶은 게 너무 많아서 문제라면? 우선순위를 정해서 하나씩 콘텐츠로 만들면 됩니다. 초반엔 조금 힘들 수 있지만, 관심과 열정만 있다면 큰 문제도 아닙니다. 이야기를 풀어가는 과정에서 분명 더 재밌는 걸 발견하게 되고 사람들의 반응이 더 좋은 것도 발견하게 될 겁니다. 그 주제를 핵심 주제로 두고 나머지는 부주제로 함께 만들어 나가면 됩니다.

멘털 쌓기와 정신 수양은 이 정도면 충분합니다. 이제부터는 본격적으로 공무원이 합법적으로 할 수 있는 겸직, N잡에는 무엇이 있는지 살펴봅시다.

Chapter Ⅱ.

공무원 N잡,
가장 먼저
알아야 할 것들

① 공무원이 적법하게 N잡하는 다섯 가지 방법

우선 겸직에 대한 전반적인 내용은 2024년 7월 기준, 인사혁신처에 게재된 공무원 복무예규를 살펴보면 알 수 있습니다. 공무원 N잡(겸직)에 관심이 있다면 무조건 읽어 봐야 합니다(교육공무원의 경우 각 교육청에서 교육공무원 인사실무편람도 확인해 보길 바랍니다).

국가공무원 복무·징계 관련 예규
*출처: 인사혁신처

'그동안 이걸 왜 찾아볼 생각을 안 했을까' 후회될 정도로 의외로 공무원 겸직이 허용된 분야가 많습니다. 하지만 그중에서도 몇 가지 조건을 붙이고 시작했으면 합니다. 조건은 총 세 가지. 첫째, 근무시간 외에 할 수 있어야 한다. 둘째, 즐겁게 할 수 있는 일이어야 한다. 셋째, 돈이 돼야 한다.

업무에 영향을 끼치지 않으면서 단순히 돈만 버는 게 아니라 성장까지 함께 성취하는 방안을 찾으려고 노력했습니다. 이걸 알아내면 인생도 즐거워지고 장기적으로 돈 되는 취미까지 얻게 된다는 기대감이 잔뜩 묻어 있었던 거죠. 뜻이 있는 곳에 길이 있다는 말이 이런 것일까요? 다행히 방법은 있었습니다. 아니 많았습니다.

블로그, 유튜브, 책 쓰기, 강연, 투자. 하나씩 살펴보도록 합시다(이번 장은 합법적인 겸직 방법 소개에 국한되어 있으므로, 자세한 내용은 앞의 QR코드를 통해 원문을 꼭 확인해야 합니다).

1) 블로그

공무원이 블로그에 글을 올려서 수입을 얻을 수 있을까요? 가능합니다.

○ **블로그 활동**
- 블로그를 계속적으로 제작·관리하여 광고료를 받는 행위는 영리 업무에 해당하므로 겸직 허가를 받아야 함
- 블로그 내용이 공무원으로서 부적절한 내용 또는 정책수행 등에 반하는 경우 불허

*출처: 국가공무원 복무·징계 관련 예규(인사혁신처 예규 제184호, '24.7.22.), 204쪽.

위 문서에 기재되어 있는 것처럼 블로그를 운영하며 광고료를 받고 싶다면 겸직 허가를 받아야 합니다. 우선 많은 사람이 이용하는 대표적인 블로그 플랫폼이 두 가지 있습니다. 네이버 블로그와 티스토리 블로그. 두 플랫폼 모두 글을 쓰기 위해 회원가입만 하면 되기 때문에 각자의 입맛에 맞는 곳에서 시작하면 됩니다. 자세한 내용은 블로그 챕터에서 더 설명하겠습니다.

공무원이 블로그로 얻을 수 있는 수익은 광고 수익입니다. 여기서 이야기하는 광고 수익은 방문자가 블로그 글에 게재된 광고를 클릭했을 때 블로그 주인에게 돌아오는 수익을 말합니다. 소소한 금액이지만 첫 수익의 기쁨을 맛보기에 아주 적합합니다. 물론 글을 쓴다고 해서 무조건 광고를 달 수 있는 건 아닙니다. 각 플랫폼에서 제시하는 특정 조건에 맞게 승인 신청을 하고, 심사를 받으면 됩니다. 승인 후에는 추가적인 설정을 통해 손쉽게 블로그 글에 광고를 넣을 수 있습니다.

인생을 살면서 글 한번 안 써본 사람은 없을 겁니다. 깊은 통찰이 담긴 글, 뛰어난 지식을 전달하는 글만 글이 아닙니다. 블로그는 누구나 언제든 개설할 수 있고 어떤 글로 시작해도 괜찮습니다. 처음엔 가벼운 마음으로 써 보세요. 세 줄 일기도 좋고 자신이 하는 일에 대해서 적어도 좋습니다. 물론 그것도 쉽지 않을 겁니다. 걱정하지 않으셔도 됩니다. 운동을 하면 신체 근육이 자라듯, 쓰고 또 쓰다 보면 글 근육도 자랍니다. 어느 정도 글쓰기가 손에 익었다는 느낌이 들 때, 블로그 글쓰기의 핵심인 검색 유입을 위한 키워드 작성이나 이웃 관리 등 구체적인 방법을 공부하고 적용하면 됩니다.

예를 들어, 저는 책 리뷰와 가벼운 일기로 시작했습니다. 주기적으로 쓸 수 있는 환경을 만들기 위해 글쓰기 모임에 참여했고 글쓰기가 익숙해진 뒤에 블로그 강의를 들었습니다. 그리고 지금은 기존의 주제와 더불어 일상 꿀팁, 생각을 담은 칼럼, 콘텐츠 제작 방법 등 다양한 주제의 글을 쓰고 있습니다.

블로그 글쓰기를 공무원 겸직의 첫 시작으로 권하는 이유는 누구나 포기만 하지 않는다면 쉽게 수익을 창출할 수 있다는 점 때문입니다. 그 작지만 확실한 성취는 자신감과 열정으로 이어질 가능성이 높습니다. 게다가 수익뿐만 아니라 글이 쌓이고 쌓여 훌륭한 포트폴리오로 활용도 가능합니다. 취향이 비슷한 이웃들과 소통하다 보면 자연스레 결이 맞는 커뮤니티를 발견하기도 하고, 다른 플랫폼으로의 확장도 가능해집니다. 블로그, 지금 시작하지 않으면 언제 하겠습니까?

2) 유튜브

직장인이 가장 많이 하는 말 중 하나가 "유튜브 해볼까?"라고 합니다. 유튜브는 누구나 한 번쯤 생각은 해보지만 정작 실천하지 않는 대표적인 사례 중 하나입니다. 대부분 '언젠간 해야지'라는 생각을 버리지 않습니다. 왜 사람들은 유튜브를 포기하지 못하는 걸까요? 간단합니다. 돈과 성장, 퍼스널 브랜딩을 함께 가져갈 수 있는 최고의 플랫폼인 걸 알고 있기 때문입니다.

한 신문 기사에 따르면 2023년 5월 기준 국내 안드로이드 이용자들이 가장 긴 시간 사용한 앱은 유튜브로, 월간 총 사용 시간이 카카오톡보다 이미 세 배 가까이 많은 것으로 나타났다고 합니다. 말 그대로 유튜브가 대세인 것이죠. 게다가 이 흐름은 전 연령대에서 나타나는 공통된 특징이기 때문에 유튜브의 영향력은 앞으로도 계속될 겁니다.

「공무원의 인터넷 개인방송 활동 지침」

1. 기본 방침

> · 인터넷 개인방송 활동이란 본인 또는 다른 사람의 콘텐츠(영상, 음성)를 인터넷 플랫폼을 통해 다수의 인터넷 이용자와 공유하고 상호 소통하는 일체의 행위
> ※ 인터넷 개인방송 플랫폼: 네이버 TV, 아프리카 TV, 유튜브, 트위치 등

가. 직무와 관련 없는 **사생활 영역의 개인방송 활동**(취미, 자기계발 등)은 원칙적으로 **규제 대상이 아님**

나. **직무와 관련된 개인방송 활동**은 소속 부서장에게 **사전보고**를 하고 **홍보 부서와 협의**를 거쳐 가능
  ※ 기관 방송채널을 통한 정책 설명, 전문지식·경험 공유 등 업무 효율성을 제고하는 활동은 적극 권장

(…)

3. 겸직 허가

가. 겸직 신청 대상

(1) (수익창출 요건이 있는 경우*) 인터넷 플랫폼에서 정하는 **수익 창출 요건을 충족**하고, 이후에도 **계속 개인방송 활동을 하고자 하는 경우**

　　※ 유튜브의 경우 구독자 1,000명, 연간 누적재생시간 4,000시간 이상이 수익이 창출될 수 있는 기본 요건

(2) (수익창출 요건이 없는 경우*) 인터넷 플랫폼을 통해 **수익이 최초 발생**하고, 이후에도 **계속 개인방송 활동을 하고자 하는 경우**

　　※ 아프리카 TV의 구독료는 별도의 수익 창출 요건 없이 바로 수익 발생

나. 겸직 허가권자: **소속 기관의 장**

다. 겸직 허가 기준

(1) 소속 기관의 장은 **콘텐츠의 내용과 성격**, 콘텐츠의 제작 및 운영·관리에 **소요되는 시간과 노력** 등을 구체적으로 심사하여 **준수할 사항***을 위반하지 않고, 담당 직무 수행에 지장이 없는 경우 **겸직 허가**

　　※ 직무상 비밀누설 금지, 품위 유지, 정치운동의 금지 등 「2. 준수할 사항」

(중략)

＊출처: 국가공무원 복무·징계 관련 예규(인사혁신처 예규 제184호, '24.7.22.), 207~208쪽.

　유튜브 활동은 수익 창출 요건을 충족하고 공무원 겸직 허가를 받으면 지속적인 운영이 가능합니다. 최근 수익 창출 조건이 완화된 유튜브는 구독자 500명과 연간 누적 재생시간 3,000시간을 넘으면 영상에 광고를 게재할 수 있고 그 광고를 통해 수익을 창출할 수 있습니다. 단, 공무원의 품위를 해치는 콘텐츠나 후원, 슈퍼챗, PPL은 불가합니다.

　앞서 이야기한 블로그 글쓰기는 영상 제작의 기초자산이 됩니다. 유

튜브 영상 제작의 시작은 기획 및 대본 작성입니다. 뛰어난 언변을 가지고 있어 어느 자리에서든, 어떤 주제로든 막힘없이 술술 이야기할 수 있는 사람이라면 대본의 필요성을 느끼지 못할 수 있지만 안타깝게도 대부분 그렇지 않을 겁니다. 또 촬영과 편집 시간을 줄이기 위해서도 대본은 아주 유용합니다. 이쯤 되면 제가 소개하고 있는 겸직 순서에도 나름의 의미가 담겨 있다는 사실을 눈치챈 분도 계실 겁니다.

저는 5년 전 유튜브를 시작했습니다. 구독자가 100명만 되어도 좋겠다는 생각으로 시작한 유튜브는 이제 시간을 거의 쏟지 않음에도 불구하고 지속적으로 수익을 만들어 주고 있습니다. 유튜브는 블로그보다 수익이나 콘텐츠 파급력이 높은 편입니다. 그리고 유튜브의 이점으로 생존을 위한 공부를 강제로 하게 된다는 점도 빼놓을 수 없습니다. 간단한 영상 제작부터 카피라이팅, 마케팅, 디자인, 브랜딩 등 다양한 분야에 대해 정말 빠른 속도로 습득할 수 있습니다. 이 자산들은 블로그 운영에도 도움이 될 뿐만 아니라 책 쓰기와 강연에도 튼튼한 발판이 됩니다.

3] 책 쓰기

공무원 연예인, 충주맨으로 유명한 김선태 주무관의 책 『홍보의 신』이 베스트셀러에 올랐습니다. 사실 서점을 돌아다녀 보면 공무원이 쓴 책을 많이 발견할 수 있습니다. 하지만 책을 쓴다는 건 쉬운 일이 아닙니다. 충분한 경험과 지식뿐 아니라 글 실력, 마케팅 창구, 이목을 끄는

○ **저술, 번역, 서적 출판, 작사 작곡 등**
- 1회적인 저술·번역 등 행위는 겸직 허가 대상 업무에 해당하지 않으나 행위의 지속성이 인정된다면 소속 기관장의 겸직 허가를 받아야 함
  ※ (예) 주기적 업데이트 및 월 00회·연 00회 등 기간을 정한 저술 등
- 직접 서적을 출판·판매하는 행위나 주기적으로 서적(학습지·문제지 등)을 저술하여 원고료를 받는 행위는 영리 업무에 해당됨

*출처: 국가공무원 복무·징계 관련 예규(인사혁신처 예규 제184호, '24.7.22.), 204쪽.

주제를 갖추고 있어야 합니다. 게다가 앞에 말한 것들은 기본 사항일 뿐 실력이 아무리 출중해도 출판사와 연이 닿지 않는다면 책을 출간하기 쉽지 않죠.

하지만 걱정할 것 없습니다. 이미 책을 출간한 지인의 말을 빌려보자면 요즘은 실제 출판사 원고 투고로 책이 출간되는 것만큼 인터넷 플랫폼에 올려 놓은 글을 통해 출판사와 연결되는 경우도 많다고 합니다. 또 출판사를 통하지 않더라도 자비 출판, 전자책 출판, 그리고 PDF 전자책 등 다양한 출간 기회가 모두에게 열려 있습니다.

자세한 방법은 뒤에서 다루도록 하고, 이 파트에서는 가벼운 제안을 하고 넘어가려 합니다. 책을 쓰고 싶다면 먼저 브런치 작가에 도전해 보세요. 브런치스토리는 많은 출판사가 주목하고 있는 글쓰기 플랫폼으로, 작가 승인을 받은 후 글을 쓸 수 있습니다. 브런치 작가가 되면 브런치북 출판 프로젝트를 통해 출판의 기회를 잡을 수 있습니다. 그렇게 세상에 나오게 된 책 중에 제가 감명 깊게 읽은 하완 작가의 『하마터면 열심히 살 뻔했다』도 있습니다.

또 다른 방법도 있습니다. 자신만의 노하우를 담은 30~50페이지 분량의 PDF 파일을 '크몽'과 같은 재능 플랫폼에서 PDF 전자책이라는 이름으로도 출간이 가능합니다. PDF 전자책을 책으로 인정하고 싶지 않다고요? 그럼 자비 출판업체 '부크크'를 통해 우리가 아는 인터넷 대형 서점에서 판매 가능한 전자책과 종이책도 직접 제작할 수 있습니다.

앞서 말했듯 길은 모두에게 열려 있습니다. 우리는 걷기만 하면 됩니다.

4) 강의

이미 우리 주변에도 각종 연수 강사로 활동하는 공무원이 많습니다. 강의는 자신만의 특별한 지식과 경험을 나누며 성장과 수익을 함께 만들어 내는 최고의 방법입니다. 하지만 누구나 알다시피 강의를 뛰고 싶다는 생각만으로는 강의할 기회가 찾아오지 않습니다. 책 출간과 마찬가지입니다. 강의를 할 수 있는 콘텐츠와 연결 고리인 인맥 또는 커뮤니티가 필요합니다. 그러기 위해선 무엇보다 먼저 열심히 자신을 성장시키고 널리 알려야 합니다.

앞서 공무원 N잡을 소개하는 순서에도 의미가 있다고 언급한 것처럼 '강의'가 네 번째인 이유가 있습니다. 앞에 이야기한 블로그, 유튜브, 책 쓰기가 강연의 발판이 되어 줍니다. 특히 책을 쓴 작가님들의 이야기를 들어 보면 대부분 책 판매를 통한 인세보다 강연을 통한 수입이 더 크다고 말합니다. 그만큼 저자가 되면 강연 제안을 많이 받게 된다는 의미이기도 합니다.

저는 4년 전, 블로그, 유튜브 콘텐츠와 그 안에서 만난 인맥, 커뮤니티를 통해 수없이 많은 강의 요청을 받았고, 몇몇 곳에서 강의를 진행한 경험이 있습니다. 나를 알리는 콘텐츠를 꾸준히 만들고 인터넷에 게재하다 보니 생각지도 못한 기회가 찾아온 것이죠. 그리고 이제는 그 경험이 쌓이고 쌓여 제 닉네임과 이름 앞에 '우수강사'가 붙은 강의 플랫폼도 있습니다(티처빌 쌤동네, keris 지식샘터).

요즘은 일반인들의 특별한 경험을 나누는 강의 시장이 엄청나게 활성화되고 있습니다. 그리고 그 흐름은 공무원과 동떨어진 이야기가 아니라고 생각합니다. 자신만의 이야기를 가진 공무원의 강사 활동을 돕는 강의 플랫폼이 만들어지고 운영되고 있습니다. 모든 일이 그렇듯 한번 생긴 흐름은 쉽사리 꺼지지 않을 겁니다. 개인의 재능을 인정하고 적극적으로 발휘할 수 있도록 돕는 시장이 열리고 확장되기 시작했고, 이는 공무원 세계에서도 마찬가지일 겁니다. 망설이지 말고 힘차게 달려 나가 봅시다.

제10장 외부강의

(…)

2. 기본 방향

가. 국가공무원복무규정에 따른 외부강의 겸직 허가 대상 명확화
나. 공무원 행동강령에 따른 외부강의 신고 철저

다. 외부강의는 소속 부서장의 사전 결재를 득함
  - 공정한 직무수행을 저해한다고 판단될 경우 이를 제한할 수 있음
라. 외부강의는 반드시 요청공문서에 근거하여 허용
마. 근무시간 內 외부강의는 직무수행과의 관련성이 있어야 허용
바. 근무시간 外 외부강의는 업무에 지장이 없는 범위에서 허용
사. 강의 중 행정내부정보를 누설하는 사례가 없도록 교육 강화
아. 사회통념을 벗어나는 고액강의료 수수 금지
  - 직무관련성이 있거나 사실상의 영향력을 통해 행해지는 외부강의는 기준
  금액을 초과할 수 없음
자. 외부강의 출강 시 복무관리 철저
차. 횟수를 초과하는 외부강의는 미리 소속기관의 장의 승인을 득함

(중략)

＊출처: 국가공무원 복무·징계 관련 예규(인사혁신처 예규 제184호, '24.7.22.), 218쪽.

5] 투자

투자는 엄밀히 말하면 N잡이라고 부르긴 어렵지만 경제적 자유를 원한다면 절대 놓쳐서는 안 될 필수 요소입니다. 먼저 우리가 사는 자본주의 사회를 제대로 이해하기 위해선 돈의 가치에 대해 명확한 이해가 필요합니다. 저는 몇 년 전만 해도 돈에 대한 욕구를 드러내는 사람을 속물처럼 생각한 적이 있습니다. 하지만 이제는 자본주의 사회에서 자유, 건강 등 소중한 가치를 지키기 위해선 반드시 돈이 필요하다는 사실을 정확히 이해하고 있습니다.

너무 중요해서 다시 한번 적어 보겠습니다. 자본주의 사회에서 돈

은 다른 소중한 가치를 지키기 위한 도구입니다. 다만 단순히 돈을 많이 버는 것을 최종 목표로 삼지는 않아야 합니다. 돈은 도구일 뿐입니다. 만약 부의 증식을 최종 목표로 생각한다면 절대 만족이 있을 수 없습니다. 계속해서 더 많은 돈을 갈구하게 되고 더 빨리 더 많이 벌기 위해 혈안이 되겠지요. 그러다 보면 높은 확률로 어둠의 루트에 손을 대게 됩니다(제가 그랬습니다).

정리해 보자면 돈이라는 도구가 가진 능력을 통해 진정으로 원하는 가치, 예를 들어 소중한 사람과 충분히 시간을 보낼 수 있는 자유, 몸이 아플 때 치료에 전념할 수 있는 여유, 타인을 돕고 싶은 마음을 언제든 실천으로 옮길 수 있는 행복을 추구하는 게 진짜 우리가 돈을 벌어야 하는 이유라고 생각합니다.

문제는 돈의 가치가 계속해서 떨어지고 있다는 점입니다. 돈을 차곡차곡 모으기만 해도 소중한 가치를 지킬 수 있었던 시대는 끝났습니다. 연봉이 오르는 속도보다 물가가 더 빠르게 오르고 있습니다. 5만 원으로 장을 볼 때에 점점 더 손에 들고 올 수 있는 물건들이 줄어들고 있다는 의미입니다. 우리는 반드시 투자를 통해 내 돈의 가치를 지켜야 합니다. 이는 선택이 아닌 필수입니다(당장 급하게 돈을 써야 하는 경우는 당연히 제외입니다).

우리는 대부분 평생 돈을 벌기 위해 일합니다. 하지만 나이나 체력, 건강처럼 돈을 위해 일하는 건 한계에 부딪힐 수밖에 없죠. 우리는 돈이 우리를 위해 일할 수 있는 시스템을 만들어야 합니다. 그 방법이 바로 투자입니다. 우리가 잠잘 때도, 특별한 사정으로 일을 하지 못할 때도, 투자 즉, 돈이 돈을 벌어오는 시스템을 구축해 놓으면 이보다 훌륭한 아군이 어디 있을까요?

물론 투자로 수익 내는 일은 쉽지 않습니다. 하지만 불가능하지도 않죠. 제대로 된 투자를 위해 열심히 공부해야 하고 투자 현인들의 이야기를 토대로 자신만의 철학을 쌓고 원칙을 만들어야 합니다. 물론 탄탄한 철학과 원칙이 있어도 수많은 시행착오를 겪을 수밖에 없는 게 투자시장입니다. 그렇지만 열 번 싸워서 여섯 번 이길 수 있는 구조를 만드는 일은 분명히 가능합니다. 우리 공무원들에겐 '시간'이라는 무기가 있습니다. 강력한 무기를 잘 활용해 봅시다.

6] 그 외의 것들

○ **모바일 애플리케이션·이모티콘 제작·관리**
- 애플리케이션·이모티콘을 계속적으로 제작·관리하여 수익을 얻는 경우 겸직 허가를 받아야 함
- 다만 그 내용이 공무원으로서 품위를 훼손하거나 직무상 알게 된 비밀을 이용하는 경우에는 불허

* 출처: 국가공무원 복무·징계 관련 예규(인사혁신처 예규 제184호, '24.7.22.), 204쪽.

모바일 앱 개발과 이모티콘 제작도 가능합니다. 코딩, 프로그래밍이나 디지털드로잉에 관심이 있는 공무원이라면 이 부분을 공략하면 됩니다. 모바일 앱의 경우 애플 앱스토어보다는 구글 앱스토어를, 이모티콘의 경우 카카오톡 이모티콘보다는 네이버 OGQ마켓의 문을 먼저 두드

려 보길 권합니다. 진입장벽이 후자가 훨씬 낮기 때문입니다.

2

겸직 허가는
말 그대로
허가가
원칙이다

공무원 겸직을 다루는 유튜브 채널 '퇴근맨'에 가끔 이런 댓글이 달립니다.

'그냥 가족 명의로 몰래 하면 되지 않나요?'

선택은 자유입니다. 하지만 제가 추구하는, 이야기하고자 하는 방향과는 다릅니다. 프롤로그에서 말했듯 이 책은 경제적 자유를 위해 단순히 빠르고 큰 수익을 원하는 사람에게 도움이 되지 않습니다. 차근차근 자신만의 콘텐츠를 쌓아 가면서 쉽게 흔들리지 않는 탄탄한 퍼스널 브랜딩을 원하는 사람을 위한 책입니다. 공무원이 '나'라는 브랜드를 지키기 위해선 반드시 겸직 허가를 받아야 합니다.

로마에 가면 로마법을 따르라는 말처럼 공무원이 되면 공무원 규정에 맞게 행동해야 합니다. 겸직 허가도 그중 하나입니다. 내가 하고 싶은 겸직을, 내가 하고 싶은 시기에 마음대로 신청한다고 해서 무조건 승인되는 게 아닙니다. 규정에 명시된 사항에 어긋나지 않는 선에서 소속 기관장의 판단으로 결정됩니다. 그리고 인터넷 미디어 활동의 경우 매년 새롭게 겸직 허가를 받아야 합니다.

공무원이라면 겸직 허가를 위해 다음의 세 가지를 기억해야 합니다.

1) 본업에 충실해야 한다

블로그든 유튜브든 결국 부업입니다. 부업이 본업의 영역을 침범하는 순간 이를 부업이라 할 수 있을까요? 업무시간에 몰래 유튜브 촬영을 한다든지 또는 밤새 강의 준비를 하다가 정작 본업을 위한 에너지가 완전히 소진되었다든지. 모든 경우를 일일이 열거할 순 없겠지만 본업에 악영향을 끼치는 요소가 있다면 고민해 볼 필요가 있습니다.

특히 자신만의 콘텐츠를 처음 만들 때 아니면 대중의 큰 반응을 얻었을 때 모든 신경이 글쓰기와 영상 제작에 쏠릴 수 있습니다. 그러다 보면 '본업'에 투자하는 시간과 노력을 '부업'에 투자하고 싶은 욕심이 생기게 됩니다. 물론 그렇게 해서 더 나은 결과를 더 이른 시기에 얻을 수 있을지 모릅니다. 하지만 하나에 온전히 집중해도 쉽지 않은 게 직장 생활입니다. 순간의 욕심으로 직장과 부업 둘 다 놓칠 가능성이 농

후하다고 생각합니다.

   게다가 겸직 허가는 소속 기관장의 결재로 이루어집니다. 평소 업무 태도가 불량하다면 허가를 받을 수 있을까요? 만약 허가를 받았다고 해도 그 후에 직장에 집중하지 못하는 모습을 보인다면 어떻게 될까요? 익숙함에 속아 소중함까지 잃지는 말아야 합니다. 안정감을 주는 직장이 있기에 부업에서도 더 뛰어난 퍼포먼스를 보일 수 있는 거라는 사실을 기억해야 합니다.

2) 공무원 품위를 유지해야 한다

만들고자 하는 콘텐츠가 공무원으로서 부적절한 내용인지 판단해 볼 필요가 있습니다. 물론 공무원 품위라는 것이 개개인에 따라 다르게 해석될 수 있는 여지는 있지만 최소한의 상식선에서 생각하면 됩니다.

3) 수익 창출 시 반드시 겸직 허가를 받아야 한다

공무원이 합법적으로 N잡할 수 있는 다섯 가지 방법 중 투자를 제외한 네 가지는 자신만의 콘텐츠를 만들어 수익을 창출하는 방법입니다. 앞서 잠시 언급했지만, 이를 '지식창업'이라고 명명하겠습니다. 지식창업은 대체 언제 겸직 허가를 받아야 할까요? 한 가지만 기억하면 됩니다. 돈을 벌기 전까지는 진정한 창업이라고 할 수 없습니다. 반대로 생각하면? 수익을 창출하는 순간(조건을 충족한 순간), 겸직 허가를 받으면 됩니다.

　이제 막 만든 블로그에 일기 비슷한 글을 쓰기 위해 겸직 허가를 받아야 하냐는 질문은 아무도 하지 않습니다. 하지만 반대로 수익이 나기 시작했는데 언제 겸직 허가를 받아야 하냐는 질문은 수없이 많이 들었습니다. 작고 귀여운 블로그나 유튜브에 굳이 딴지를 걸 사람은 없겠지만 우리는 항상 혹시 모를 상황에 대비할 필요가 있습니다. 더도 말고 덜도 말고 수익을 창출하는 그 순간, 바로 겸직 허가를 받길 권합니다.

　지식창업 종류별로 겸직 허가 시기를 정리해 보자면,

　블로그는 광고 승인을 받았을 때,

　유튜브는 구독자 500명과 연간 누적 재생시간 3,000시간을 채웠을 때,

　책을 주기적으로, 기간을 정해 두고 쓰게 될 경우,

　그리고 강의 요청이 들어왔을 때입니다(주기적이지 않다면 외부강의 신고).

3

시작은
작은
수익부터

겸직에 관심이 생겼다면, 한번 해 보고 싶다는 생각이 들었다면 가장
먼저 무엇을 해야 할까요? 뻔하지만 먼저 목표를 세워야 합니다. 제가
세웠던 1단계 목표는 바로 '월급보다 많은 부수입.'

처음엔 호기롭게 시작했지만, 생각보다 쉽지 않은 글쓰기, 늘지 않
는 조회 수 등을 보며 이는 단기간에 이루기는 현실적으로 어려운 목표
라는 판단이 들었습니다. 그래서 목표를 잘게 쪼갰죠. 0.1단계부터 0.9
단계까지. 0.1단계는 먼저 단돈 천 원이라도 벌어 보자는 거였습니다.
그렇게 성장과 수입을 함께 잡겠다는 다짐과 함께 시작된 도전은 9개
월 만에 월 50만 원 부수입이라는 결과물을 만들어 냈습니다. 첫 달 수
익이 7천 원, 8개월 후 50만 원. 5년 차인 지금은 월급보다 많은 부수입

달성. 이 정도면 장족의 발전이죠?

물론 이 수익이 꾸준히 이어지리라는 보장은 없습니다. 하지만 이 시간을 통해 제가 얻은 건 단지 수익만이 아닙니다. 이제는 어떻게 내 지식과 경험을 수익화할 수 있는지 알게 되었습니다. 더불어 할 수 있다는 자신감과 더 잘 해내고 싶다는 의욕까지 생겼습니다.

『원씽』이라는 책에 이런 내용이 나옵니다.

"우리에게 주어진 시간과 에너지는 한정되어 있기 때문에 성과를 내려면 '더하기'보다 '빼기'가 필요하다. '단 하나'를 찾아야 한다. 그리고 그 '단 하나'라는 첫 도미노를 잘 쓰러뜨리면 '큰 성공'이라는 우리가 꿈꾸는 아주 큰 도미노까지 쟁취할 수 있다."

대개 우리는 모든 일이 다 중요하다고 생각하기 때문에 어떤 일을 시작할 때 처음부터 완벽하게 시작하려고 합니다. 하지만 처음부터 완벽함을 추구하다 보면 결국 시작도 하지 못하고 포기하게 됩니다. 저도 마찬가지였습니다. 유튜브를 해 보고 싶긴 한데 막상 시작하려 하니 장비도 사야 할 것 같고, 영상 편집 기술도 배워야 할 것 같고, 말하는 연습도 열심히 해야 할 것 같고 정말 마음에 걸리는 게 많았습니다. 하지만 진짜 시작은 그 마음을 다 버렸을 때였습니다.

목표도 마찬가지입니다. 완벽하고 원대한 목표를 세우되 시작하기 위해 먼저 잘게 쪼개야 합니다. 저는 1단계의 목표를 잘게 쪼개 0.1의 목표를 찾아내는 방법을 선택했습니다. 그렇게 선택한 '단 한 가지'가

'블로그 글쓰기'였습니다.

　월급보다 더 큰 부수입이라는 목표를 생각하면 당장 이것저것 생각해야 할 게 너무 많아서 결국 아무것도 시작하지 못했을 겁니다. 그래서 제 나름대로 당장 할 수 있는 단 하나에 집중해 보기로 했습니다. 그렇게 '단 하나'라는 첫 도미노에 초점을 두고 공략하기 시작했고, 하다 보니 드디어 '작은 성공' 경험이 쌓이기 시작했습니다.

　잠시 도미노 효과에 대해 이야기해 보겠습니다. 도미노는 자신의 몸보다 1.5배 큰 것도 넘어뜨릴 수 있는 힘을 가졌습니다. 예를 들어 5cm 도미노는 7.5cm의 도미노를 쓰러뜨릴 수 있는 힘을 지녔고, 10cm 도미노는 15cm 도미노를 쓰러뜨릴 수 있습니다. 그럼 이 5cm 도미노부터 1.5배씩 큰 도미노를 세워 나간다고 가정했을 때 57번째 도미노의 크기는 얼마나 될까요? 잠시 생각할 시간을 드리겠습니다.

　정답은, 무려 달까지의 거리와 비슷하다고 합니다. 정말 엄청나지 않나요? 이 사실을 처음 알게 되었을 때 '도미노 효과가 정말 삶에 적용했을 때에도 도움이 될까?' 하는 의문이 들었습니다. 하지만 도미노 효과를 통해 성공한 사람들이 많다는 이야기에, 책 속에 길이 있다는 믿음으로 묵묵히 글쓰기라는 도미노를 쓰러뜨리려고 애를 썼습니다. 그런데 놀랍게도 첫 도미노가 쓰러지자 실제로 더 큰 도미노들 역시 차례차

레 쓰러지기 시작했습니다.

일단 저는 가장 쉽게 접근할 수 있는 블로그부터 시작했습니다. 시간이 지나자 블로그 광고 수익이 발생했고, 블로그에 써 놓은 글을 영상으로 바꿔 유튜브 영상으로 업로드했습니다. 이걸 지속하다 보니 콘텐츠가 쌓이고, 구독자가 모였습니다. 유튜브가 수익 창출이 되면서 이번에는 유튜브를 주제로 PDF 전자책을 써 보기로 했습니다. 그리고 이런 경험을 발판 삼아 클래스101 강의를 론칭하게 되었고, 종이책도 쓰게 되었죠(물론 그 안에는 디테일한 노력이 당연히 필요합니다). 그래도 이 경험들을 통해 책 속에 길이 있다는 진리를 직접 경험하고 증명했다고 생각합니다.

목표를 세우고 여러분이 세운 목표를 지금 당장 할 수 있는 작은 목표, 작은 행동으로 쪼개 보세요. 또 단순히 쪼개는 것을 넘어 그 작은 목표들이 최종 목표라고 쓰인 거대한 도미노를 쓰러뜨릴 수 있도록 치밀하게 설계해 보세요. 목표만 세우고 뭔가를 이뤘다는 착각은 하지 않도록 주의하면서, 목표를 세웠으면 실행해 보세요. 또 여러분의 행동이 어떤 결과를 만들어 내고 있는지 꾸준히 확인하고 점검하고 개선하세요. 인생은 절대 계획대로 흘러가지 않습니다.

자기 경영의 대가 피터 드러커의 말처럼 우리는 "측정하지 않으면 관리할 수 없고 관리할 수 없으면 개선할 수 없습니다." 계획하고 측정하고 관리하고 개선하며 나아가야 합니다.

공무원 N잡의 최종 목적지는 어디일까요? 마지막 도미노에 대해서 생각해 봅시다. 결론부터 말하자면 공무원 지식창업의 최종 목적지는 강력한 퍼스널 브랜딩입니다. 퍼스널 브랜딩이란 자기 자신을 브랜드화하는 걸 말하는데요. 사람들이 특정 분야를 떠올렸을 때 '나'를 먼저 떠올리게끔 만드는 과정이라고 생각하면 됩니다.

우리가 평소 사용하는 브랜드를 떠올려 보면 이해하기 쉽습니다. 스마트폰 하면 아이폰, 운동화 하면 나이키, 햄버거 하면 맥도날드처럼 즉각적으로 떠오르는 강력한 브랜드. 공무원 N잡 하면? 퇴근맨!

우리가 강력한 브랜드를 구축해야 하는 이유가 뭘까요? 대개 아이폰을 쓰는 사람은 고급스러운 취향을 가졌다고 인식되고, 나이키를 신는 사람은 운동에 일가견이 있는 것처럼 보입니다. 또 맥도날드라는 단어는 듣기만 해도 침이 고이기도 하죠. 저만 그런가요? 브랜드는 자신만의 색깔이 있습니다. 그리고 그 색깔로 탄탄한 팬층을 형성합니다. 열렬한 팬들은 브랜드라는 매개를 통해 감정을 공유하고 지속적인 관심과 소비를 일으키죠. 이렇게 쌓인 브랜드의 힘과 영향력은 기업의 성패를 좌우할 정도로 압도적입니다.

그럼 브랜드의 힘을 개개인이 가질 수 있다면? 여러분이 쓰는 글과 제작하는 영상을 오매불망 기다리는 팬이 있고 여러분의 이야기를 책으로 담아내든, 강의로 풀든 언제나 관심 가질 충분한 수요가 있다는 뜻이겠죠.

눈치채셨겠지만 공무원이라면 퍼스널 브랜딩을 기반으로 한 지식창업을 목표로 해야 우리가 원하는 성공이라는 목적지에 닿을 수 있습니다. 물론 지금 당장은 자신을 브랜딩하는 일이 막연한 이야기로 들리고, 또 그 과정도 순탄치만은 않을 것 같은 막막함, 충분히 이해합니다.

하지만 먼저 한발 떼 본 사람으로서 분명히 말할 수 있습니다. 자신을 브랜딩해 나가는 일은 생각보다 훨씬 즐겁고 훨씬 유익합니다. 학창 시절 RPG 게임 속 캐릭터를 키워 본 적이 있으실 겁니다. 캐릭터의 능력치가 오르거나 강력한 무기를 얻었을 때 또는 외모를 꾸미거나 예쁜 옷을 입혔을 때 그 짜릿함은 이루 말할 수 없습니다. 그런데 컴퓨터 속 캐릭터가 아닌 실제 현실 속 자기 자신을 키운다면? 나의 능력치가 올라가고 현실 속에서 강력한 아이템을 얻는다면? 감히 비교할 수 없는 영역이라고 생각합니다.

　그렇다면 강력한 퍼스널 브랜딩의 기준이 뭘까요? 국민 MC, 국민여동생과 같은 호칭이 붙어야 하는 걸까요? 아니면 좋아하고 잘하는 분야에서 넘버원이 되어야 하는 걸까요? 물론 될 수만 있다면 당연히 좋겠지만 사실 정확한 수치가 정해져 있는 문제는 아닙니다. 그래서 이번에는 팀 페리스의『타이탄의 도구들』이라는 책에서 힌트를 찾았습니다. 저자인 팀 페리스는 이 시대 가장 성공한 인물들을 만나고 인터뷰하며 알게 된 특별한 경험과 노하우를 듬뿍 담아 나누고 있습니다. 이 책에서 그는 사람들을 만날 때 틈만 나면 케빈 켈리의「1,000명의 진정한 팬」이라는 글을 추천한다고 말합니다. 그 글의 핵심은 이렇습니다.

　"성공은 복잡할 필요가 없다. 그냥 1,000명의 사람을 지극히 행복하게 만들어 주는 것에서 시작하면 된다."

　대체 왜 1,000명일까요? 단순한 수치보단 그 안에 담긴 의미에 대해 생각해 볼 필요가 있습니다. 그가 말하는 1,000명은 단순히 유튜브 구독자 1,000명이나 인스타 팔로워 1,000명을 뜻하는 게 아닙니다. SNS 수치엔 허수가 많죠. 우리가 만드는 콘텐츠를 좋아하고 기대하고 응원하고 더 나아가 언제나 소비하려는 마음을 가지고 있는 진정한 팬 1,000명을 말합니다.

　1,000명을 만드는 과정에서 놓쳐서는 안 될 두 가지 조건이 있습니다. 우선 매년 진정한 팬 한 명당 평균 100달러 이상의 수익을 낼 수 있

을 만큼 충분한 작품을 만들어야 한다는 것. 그리고 팬들과 직접적인 관계, 진정한 소통을 해야 한다는 것. 이를 계산해 보면 1년에 10만 달러라는 금액이 나옵니다. 대략 연봉 1억이란 뜻이죠. 손사래 칠 필요 없습니다. 이건 최종 목표일 뿐입니다. 꿈을 크게 갖는 건 잘못된 일이 아니니까요!

진정한 팬 1,000명을 만들기 위해 공무원인 우리가 할 수 있는 것은 무엇일까요? 간단합니다. 유튜브나 블로그, 인스타와 같은 SNS 플랫폼을 적극적으로 활용하기. 쉽고 간편하게 활용할 수 있고 접근성이 뛰어난 SNS 플랫폼을 통해 진정한 팬을 모을 기회가 모두에게 공짜로 주어졌습니다. 망설이지 말고, SNS를 기반 삼아 나만의 콘텐츠로 진정한 팬 1,000명을 만들어 봅시다.

Chapter Ⅲ.

공무원 N잡의
정석
- 기본편

1

인스타그램으로
진입장벽
낮추기

저는 인스타그램 계정이 무려 다섯 개입니다. 지인들과 소통하는 개인 계정, 또 다른 채널인 골목책방 콘텐츠와 연결 지어 운영하는 계정, 퇴근맨 채널과 연결 지어 운영하는 계정, 야심차게 시작했지만 완벽하게 망한 계정들까지! 이 다섯 개의 계정을 만들고 운영하며 느낀 점은 인스타그램은 개인 SNS만으로 활용하기에는 너무 아까운 플랫폼이라는 겁니다. 처음에는 친구들과 소통하기 위해 시작했지만, 이 매력적인 플랫폼에 대해 자세히 공부를 해 보니 이보다 영향력을 펼치기에 좋은 공간이 또 있을까 하는 생각까지 이르게 된 겁니다. 인플루언서라고 하기엔 상당히 미약한 인스타그래머이지만 그래도 치열하게 공부하고, 부딪치며 경험한 노하우를 바로 활용할 수 있게 잘 정리해 보겠습니다.

1] 인스타그램을 꼭 해야 하나요?

다시 한번 말하지만, 공무원이 할 수 있는 겸직의 핵심 키워드는 '콘텐츠 생산'입니다.

그렇다면 좋은 콘텐츠를 만드는 일이 최우선이 되어야 합니다. 하지만 그 와중에도 절대 놓쳐서는 안 될 부분이 있습니다. 바로 내 콘텐츠를 널리 알리기 위한 발판 마련해 두기. 저는 그 핵심이 SNS, 인스타그램 활동이라고 생각합니다. 하루 종일 고민하고 노력해 유익하고 질 좋은 콘텐츠를 만들었는데, 정작 아무도 봐 주지 않는다면? 그저 일기장에 끄적이는 것 또는 외장하드에 고이 모셔 두는 것과 다르지 않을 겁니다.

콘텐츠를 만드는 사람이라면 반드시 내 콘텐츠가 널리 퍼질 수 있도록 노력해야 합니다. 다이소 창업 과정을 다룬 책 『천 원을 경영하라』의 저자이자 다이소 CEO 박정부 씨는 이렇게 말합니다. "상품은 진열하는 것이 아니라 표현하는 것이다. 상품을 표현하려면 상품을 알아야 한다. 표현이 안 된 상품은 고객의 눈에 절대 띌 수 없고, 고객의 눈에 보이지 않는 상품은 절대 팔릴 수 없다." 콘텐츠는 우리가 만든 소중한 상품입니다. 하지만 정작 내 상품을 알리는 일에는 소홀한 사람이 굉장히 많습니다. 상품이 고객의 눈에 띌 수 있게, 팔릴 수 있게 노력해야 합니다. 그래서 콘텐츠를 제작하며 인스타그램도 함께 운영해야 합니다. 생각보다 어렵지 않습니다. 방법은 뒤에서 더 자세히 알아보도록 하겠습니다.

그렇다면 단순히 홍보 효과를 위해 인스타그램을 만들고 운영해야 할까요? 인스타그램을 홍보 채널로만 활용하는 것은 '하수'입니다. 게시물, 스토리, 릴스, 하이라이트 등을 통해 나의 전문성과 일상을 공유하며 영향력을 키우는 매개체로 활용한다면 '중수', 최종적으로 특정 토픽, 키워드로 내 계정을 떠올리게 만들고, 다양한 협업으로 이어질 수 있게 한다면 '고수'라고 생각합니다. 인스타그램은 텍스트 없는 포트폴리오라고도 불립니다. 쉽게 말해 결국 우리는 인스타그램이 내 정체성, 전문성을 드러내는 포트폴리오 역할을 할 수 있도록 구축해 나가야 한다는 겁니다.

인스타그램은 접근성이 좋습니다. 유튜브는 보고 싶은 영상을 찾아야 하고, 하나의 영상을 보기 위해 들이는 시간이 평균적으로 긴 편입니다. 블로그는 검색 기반 플랫폼으로 내가 원하는 정보만 얻기 위해 활용하는 편이며, 긴 글을 읽어야 한다는 부담이 있습니다. 하지만 인스타그램은 처음부터 알고리즘을 통해 내가 좋아할 만한 게시물과 보고 싶은(팔로우하는) 사람들의 게시물을 공유해 줍니다. 우리는 그저 엄지손가락으로 화면을 툭툭 넘기면서 관심 있는 인물, 지식, 사진을 즐기면 됩니다. 게다가 대부분의 게시물이 아주 가볍게, 보기 쉽게 정리가 되어 있으니 콘텐츠 소비자 입장에선 이보다 편하게 접근할 수 있는 플랫폼을 찾기 어려울 겁니다.

또 다른 장점이 있습니다. 여러분은 맛집 검색을 어떤 플랫폼을 활용하시나요? 누군가는 네이버나 다음과 같은 검색 포털이 떠오르겠지만 제가 접하는 (흔히 MZ라고 불리는) 젊은 동료들은 대부분 인스타그램에서 정보를 얻습니다. 인물, 맛집, 물건, 특정 키워드 등에 대해 알아보고 싶을 때 인스타그램으로 검색을 하는 시대가 된 거죠. 그렇다면 우리는 이 점을 잘 활용해야 합니다. 인스타그램 앱을 켤 때마다 여러분의 콘텐츠가 보인다면? 특정 키워드를 검색했는데 여러분의 콘텐츠가 가장 먼저 눈에 띈다면? 자연스럽게 여러분의 이름, 콘텐츠가 사람들에게 스며들어, 오랜 흔적으로 남게 됩니다.

잉글랜드 프리미어리그의 역대 최고의 감독 중 한 명인 '알렉스 퍼거슨'은 축구가 아닌 SNS와 관련된 전설의 명언을 남깁니다.

'SNS는 인생의 낭비다.'

저는 퍼거슨 감독이 차려 놓은 밥상에 숟가락을 하나만 더 얹고 싶습니다.

'SNS는 인생의 낭비다. 하지만 누군가에게는 최고의 선물이다.'

내 이야기, 콘텐츠를 전 세계 사람들에게 손쉽게 널리 전달할 수 있는 이 플랫폼은 잘 활용할 수만 있다면 낭비가 아니라 최고의 선물이 되어 줄 겁니다.

2) 공무원이 인스타그램으로 수익화하는 방법

인스타그램은 개인 창작자뿐만 아니라 사업하는 사람들에게도 반드시 필요한 플랫폼입니다. 자영업을 한다거나 물건을 만들어 판매하는 분들에게는 자신의 식당, 상품을 알리기 위해 인스타그램만큼 영향력이 있는 공간이 없기 때문입니다. 그러다 보니 시중에 나와 있는 인스타그램과 관련한 강의나 책들은 대부분 사업 마케팅 측면에 초점을 두고 있습니다. 하지만 공무원은 조금 다르게, 무엇보다 쉽게 접근해야 합니다. 공무원 인스타그램의 목적은 나와 내 이야기를 알리는 것으로 충분합니다. 그래서 기본기를 확실하게 다지는 것이 이번 챕터의 지향점입니다.

인스타그램의 수익화 방법은 실제로 굉장히 다양합니다. 상품 판매로 이어질 수 있도록 광고를 만들거나 공동구매, 라이브 쇼핑 기능도 있습니다. 하지만 공무원이라면 내 블로그, 유튜브, 책, 강의를 홍보하며 나를 브랜딩하는 용도 외에 인스타그램으로 직접 수익화할 수 있는 방법은 안타깝게도 한 가지밖에 없습니다. 바로 인스타그램 릴스 보너스 정책. 우선 릴스는 유튜브 쇼츠(Shorts)처럼 인스타그램 내에 올리는 짧은 영상을 말합니다. 2023년부터 릴스를 통해 수익을 얻을 수 있게 되었는데 수익 창출 기준이 명확하게 제시되어 있지 않을 뿐더러, 저는 릴스를 통해 수익화하고 있지 않기 때문에 다른 분들의 경험을 참고해 보았습니다.

'릴스 플레이 보너스의 기준 충족이 되는 처음 25달러 수익 창출의 경우 약 5만 회 정도의 릴스 조회 수가 필요하며 이걸 한 달이라는 기간 동안에 달성해야 합니다.'

_남시언닷컴

릴스 조회 수에 따라 수익이 창출되는 구조이고, 25달러라는 첫 수익 창출 요건을 충족하기 위해 한 달 이내에 5만 회의 조회 수를 기록해야 한다는 점, 그리고 수익은 보너스가 쌓이다가 누적 금액이 100달러가 넘었을 때 지급 신청할 수 있다는 점을 기억하면 됩니다.

그럼 이 역시도 인터넷 미디어 활동 중 수익 창출 요건을 충족하게 되는 것이므로 겸직 허가를 받고 지속적으로 활동할 수 있습니다. 이때에도 내가 만든 콘텐츠가 공무원의 품위에 문제가 되지는 않는지, 허가권자의 입장에서 허용해 줄 수 있는 분야인지에 대한 고민이 반드시 선행되어야 하겠죠?

저처럼 릴스를 통한 수익화를 생각하지 않는 분들이라면, 앞서 말했듯 자신의 콘텐츠를 홍보하기 위해 인스타그램을 활용하게 됩니다. 그렇기 때문에 인상적인 프로필 사진과 기억에 남을 닉네임을 만드는 것부터 시작해야 합니다. 또한 사람들이 클릭할 수 있도록 좋은 제목을 담은 콘텐츠를 만들기 위해 힘써야 합니다. 포장지뿐만 아니라 내용물이 좋은 콘텐츠로 자연스럽게 입소문이 날 수 있게 제작해야 하고, 최종적으로 이 모든 접근이 내 포트폴리오로 이어질 수 있도록 '리틀리'와 같은 웹사이트, 사람들의 참여를 유도할 수 있는 사이트(매니챗)를 적극 활용해야 합니다. 너무 어렵게 느껴지나요? 걱정하지 않으셔도 됩니다. 처음엔 생소하겠지만 조금만 인내하고 공을 들인다면 정말 손쉽게 인스타그램을 꾸준히 운영할 수 있습니다.

만약 내가 인스타그램에서 인플루언서가 되는 게 목표라면? 정말 좋은 생각입니다. 단순히 인스타그램으로 수익화할 수 있는 길은 넓지 않아 보일 수 있지만 인스타그램은 확장성이 좋은 플랫폼이기 때문에 카드 뉴스, 릴스 영상 제작법, 인스타그램 퍼스널 브랜딩 등을 주제로 한 강의로 이어질 수도 있고, 게시물의 내용을 구체적으로 글로 적어 책으로 낼 수도 있습니다. 만약 그림이나 사진 등으로 인스타그램을 운영한다면 이모티콘을 제작할 수도, 그림책을 만들 수도, 사진 강의를 의뢰받을 수도 있습니다. 처음부터 길을 구체적으로 정해 두지 않아도 됩니다. 그저 내가 가진 것 중에 사람들이 관심 가질 만한 매력적인 것을 꾸준히 찾고 만들어 나가다 보면 돈은 따라오게 되어 있습니다. 우리가 해야 할 것은 꺾이지 않는 것과 멈추지 않는 것뿐입니다.

3) 누구보다 쉽게 인스타그램 시작하는 방법

콘텐츠를 처음 만드는 사람이라면 당연히 막막할 겁니다. 어떤 콘텐츠를, 어떻게 만들어야 할지도 모르겠는데 인스타그램을 운영해야 한다고? 괜찮습니다. 인스타그램은 블로그나 유튜브, 책 원고, 강의 원고를 적극 활용하여 손쉽게 운영할 수 있습니다. 내가 만든 콘텐츠를 인스타그램에 맞게 형태만 바꾸어 주는 겁니다. 블로그 글이라면 그중 일부를 발췌해 만들면 됩니다. 영상이라면 영상의 일부분을 잘라서 릴스로 활용할 수 있습니다. 책 원고라면 과감하게 챕터 하나를 잘게 나누어 여러 개의 게시물로 제작하면 됩니다.

예시를 한번 볼까요? 저는 하나의 콘텐츠를 블로그, 유튜브, 인스타그램으로 나누어 공유하고 있습니다.

이렇게 하나의 소재를 여러 형태로 풀어내는 것을 '원 소스 멀티 유즈'라고 부릅니다. 제가 가장 많이 활용하고 있는 방법으로 손쉽게, 이곳저곳에 내 콘텐츠를 전달할 수 있습니다. 게다가 꾸준히 콘텐츠를 업로드하기 위해서는 반드시 시스템을 구축해야 하는데, 하나의 재료로 다채롭게 활용할 수 있으니 이보다 더 좋은 방법이 또 있을까요?

인스타그램을 시작하려는 사람들이 종종 이런 이야기를 합니다. '인스타그램은 사진 위주의 SNS이니 사진을 잘 찍고 싶다. 좋은 카메라를 구입하고 싶다.' 단호하게 말하고 싶습니다. 인스타그램은 스마트폰 카메라면 충분합니다. '장인은 도구를 탓하지 않는다'라는 말은 반은 맞고 반은 틀립니다. 좋은 도구를 가지고 있다면 더 좋은 콘텐츠를 만들 수 있습니다. 하지만 처음부터 무리할 필요는 없습니다. 좋은 장비에 골머리 썩일 시간에 내가 이미 가지고 있는 것을 활용해 가치 있는 콘텐츠를 제작하는 데 집중해야 합니다. 다시 한번 말하지만, 스마트폰 카메라면 충분합니다.

그래도 스마트폰으로 촬영하기 위해 반드시 지켜야 할 것들이 있습니다.

첫째, 많이 보고, 많이 찍어 봐야 합니다. 보면 볼수록 끌리는 사진들을 모아 두고, 어떤 공통점을 가지고 있는지 찾아보세요. 예를 들어 저는 책을 주제로 운영할 때에 '#북스타그램'이라는 해시태그를 활용하여 어떻게 사진을 찍는지, 어떤 사진을 사람들이 좋아하는지 분석했습니다. 하지만 보는 것만으로 실력이 늘지는 않습니다. 봤으면 반드시 실천해야 합니다. 그래야 내 것으로 남습니다. 책을 사진으로 남길 때 검은 도화지, 책상, 바닥, 하늘 등으로 배경을 바꿔 찍어보기도 하고, 책표지를 이쪽저쪽에서 담아 보기도 했습니다. 펼쳐 놓거나 쌓아 놓고 찍는 등 다양한 구도로 촬영 시도를 해 보니 어느 정도 감이 오기 시작했습니다. 처음엔 다 이렇게 시작하는 겁니다.

둘째, 그리드(격자)를 이용해 균형을 맞춰야 합니다. 균형감은 기본입니다. 저는 안타깝게도 그 기본을 몰라 전 여자친구이자 현 아내인 사람에게 놀러갈 때마다 혼나는 게 일상이었습니다. 그런데 지금은 많이 성장했다는 이야기, 이제는 더 이상 나무랄 게 없다는 이야기를 듣습니다. 그 비결이 바로 그리드를 켜는 것입니다. 화면에 가로선 두 개와 세로선 두 개가 생깁니다. 찍고자 하는 대상이 그 선을 기준으로 평행 또는 수직에 가깝도록 찍으면 됩니다. 이게 끝입니다. 방금 저는 여러분이 이성 친구 또는 친한 친구들에게 사진으로 꾸중을 들을 가능성을 크게 줄여 드렸습니다.

셋째, 카메라 렌즈 부분을 반드시 닦고 촬영해야 합니다. 간단하지만 정말 효과가 큰 방법입니다. 사진이나 영상을 찍기 전에 스마트폰 렌즈 부분을 옷소매나 부드러운 면으로 닦아 주는 겁니다. '렌즈 망가지는 거 아닙니까?' 걱정하지 않으셔도 됩니다. 렌즈 위에 유리가 있고 우리는 그 부분을 깨끗하게 하는 것뿐입니다. 짧은 시간 투자로 여러분의 결과물은 한층 선명해지게 됩니다.

넷째, 휴대폰을 거꾸로 들고 찍어 보세요. 거꾸로 들었더니 여러분의 얼굴을 찍게 된다면 그건 제 말을 잘못 이해한 겁니다. 앞뒤를 바꾸는 게 아닌 위아래를 바꿔 찍어 보세요. 그리고 자세는 개구리처럼 낮춰 보세요. 특히 인물 사진을 찍을 때 이 스킬을 활용한다면 대상의 비율이 더 좋게 나올 것이고 여러분은 또다시 칭찬을 들을 수 있을 겁니다.

다섯째, 보여 주고 싶은 부분에 집중해야 합니다. 하나의 사진에 너무 많은 것을 담을 필요 없습니다. 사진이든 메시지든, 대부분 정말 드러내고 싶은 부분을 강조해서 드러내는 게 콘텐츠를 제작할 땐 더 좋습니다. 보자마자 내가 의도한 바를 이해할 수 있게 찍어 보세요. 학창시절, 단체 사진을 찍어 본 기억이 있으시죠? 대부분 사진을 볼 때 가장 먼저 자기 자신을 찾을 겁니다. 인스타그램에선 찾는 노력조차 큰 방해물이 됩니다. 사람들이 정말 보고 싶어 하는 것, 내가 정말 드러내고 싶은 것만 담아 보세요.

마지막으로 일상 계정을 먼저 운영해보세요. 지금 휴대폰에 잠자고 있는 수많은 사진과 영상이 있을 겁니다. 그걸 활용하세요. 내가 가진 것 중에 남들에게 보여 주고 싶은, 타인이 관심 가질 만한 게 무엇이 있는지 찾을 수 있는 시간이 될 겁니다. 만약 교육활동 모습을 주로 담고 있는 선생님이라면, 그 자료들을 업로드하는 과정에서 자연스럽게 전문성이 드러납니다. 또 사무실에서 활용하기 좋은 물건 모으는 걸 좋아하는 직장인이라면 사진이나 영상으로 담아 인스타그램에 올리는 겁니다. 그것들이 모두 여러분의 소중한 콘텐츠입니다. '좋은 콘텐츠는 공들인 시간에 비례하지 않는다.' 이 말을 꼭 기억하세요.

4] 인스타그램, 처음엔 이것부터 해야 합니다

우선 인스타그램 아이디를 만들어야겠죠? 처음 나가는 모임에선 항상 자기소개를 합니다. 인스타그램도 마찬가지입니다. 처음 회원가입을 마치고 나면 나를 소개하기 위해 아이디와 프로필을 만들어야 합니다. 우선 아이디는 영어로만 만들 수 있습니다. 그런데 무슨 의미인지, 어떻게 읽어야 하는지 가늠이 되지 않는 단어로 아이디를 만드는 경우가 있습니다. (이를테면 illilili_ililili 같은) 이런 아이디는 사람들이 인식하기 어렵습니다. 인스타그램 아이디는 사람들이 보자마자 이해하기 쉬운 영단어로 만드는 게 좋고, 한글로 적을 수 있는 '프로필 이름'은 사람들이 말하기에도, 기억하기에도 쉬울수록 좋습니다.

개인적으로는 서너 글자의 프로필 이름을 권합니다. 운동이나 요리에 대한 콘텐츠를 올린다고 가정해 봅시다. 뭐라고 이름을 지으면 좋을까요? 잠시 생각해 보세요.

이름을 보자마자 사람들이 직관적으로 '아~ 운동을 좋아하는 사람이구나 또는 자취생을 위한 요리 방법을 얻을 수 있는 계정이네?' 하고 느낄 수 있어야 합니다. '짐종국'이나 '힙으뜸'과 같은 운동 인플루언서, '하루한끼'나 '고기남'과 같은 요리 인플루언서들이 좋은 프로필 이름의 대표적인 예시입니다. 이분들의 이름에는 콘셉트와 전문성이 확실하게 드러나기 때문입니다.

다음은 '프로필 소개'와 '프로필 사진 설정'을 해 주어야 합니다. 소개란에는 매력적인 한 줄 또는 두 줄의 카피를 통해서 경력, 취향, 전문성을 드러내야 하고, 해시태그를 넣어 주어도 좋습니다. 그리고 링크를 추가하여 내 포트폴리오를 보여 주거나 협업을 위한 메일 또는 연락처를 넣을 수도 있습니다. 그리고 프로필 사진의 경우 얼굴을 드러내는 데 거부감이 없다면 본인 사진이 가장 좋습니다. 신뢰를 줄 수 있기 때문이죠. 다만 저처럼 얼굴 공개가 걱정되는 분들께서는 이참에 나만의 캐릭터를 하나 구상해 보는 게 좋습니다. 요즘은 웹에서 쉽게 나만의 캐릭터를 만들 수 있습니다. '노션 아바타 메이커, 아바타션, 아바타플러스' 등의 사이트에서 깔끔하고 힙한 노션 스타일의 캐릭터를 만들어 보세요.

완벽한 예시는 아니지만 앞서 이야기한 노하우를 접목시킨 제 프로필을 공유해 봅니다.

그런데 도대체 어떤 콘텐츠로 시작해야 할지부터 막막한 분도 계실 겁니다. 콘텐츠가 있어야 아이디든, 프로필이든 적절하게 만들 수 있을 테니까요. 제가 시도해 본 방법 중 의미 있던 방법 세 가지를 소개해 보겠습니다.

첫째, 벤치마킹 전략

표준국어대사전에서 벤치마킹은 '경쟁업체의 경영 방식을 면밀히 분석하여 경쟁업체를 따라잡는 전략'으로 설명되어 있습니다. 이를 인스타그램으로 바꿔 보면 내가 원하는 콘셉트를 가진 인플루언서의 인스타 운영 방식을 면밀히 분석하여 따라잡는 전략이라고 할 수 있습니다. 예를 들어 교육 관련 인스타그램을 운영할 거라면 교육 분야의 인플루언서들의 인스타그램을 하나하나 뜯어 분석하고 운영 방식을 찾아냅니다. 매일 콘텐츠 업로드, 교육 활동 사진, 교육 활동

자료 공유, 칠판 판서 공유 등의 형식에 여러분의 내용으로 채워 넣으면 됩니다. 모든 걸 똑같이 따라하는 건 벤치마킹이 아니라 표절에 가깝습니다. 형식을 빌려 내용은 여러분의 경험과 지식, 지혜로 채워 넣어야 합니다.

둘째, 주 3회 콘텐츠 전략

콘텐츠로 성공할 수 있는 전략 중 딱 한 가지만 말해보라고 한다면 저는 무조건 '꾸준함'을 얘기하고 싶습니다. '강한 자가 살아남는 게 아니라 살아남는 자가 강한 것이다'라는 말처럼 인스타그램도 결국 꾸준하게 게시물을 올리고, 지속적으로 팔로워들과 소통하는 사람이 인플루언서가 됩니다. 그렇기 때문에 꾸준하게 올릴 수 있는, 지속가능성이 있는 콘텐츠를 고르는 게 무엇보다 중요합니다. 내가 매일 하고 있거나, 가고 있거나 앞으로 꾸준히 꼭 해내고 싶은 콘텐츠를 골라 보세요. 매일 아침 달리기를 하고 있다면? 주말마다 캠핑을 간다면? 카페를 가거나 서점을 찾아가는 게 취미라면? 그것이 여러분의 콘텐츠입니다.

셋째, 일상에서 확장하기 전략

앞서 설명한 것처럼 가장 쉽게 인스타그램을 시작하는 것은 일상에서 시작하는 겁니다. 그렇게 일상을 올리다 보면 사람들이 관심 있는 내용, 내가 꾸준히 할 수 있는 콘텐츠가 눈에 띄게 됩니다. 그럼 그 내용을 바탕으로 새롭게 계정을 만들어 보세요. 그리고 중구난방 일상을 나누는 게 아닌 송곳 같은 콘텐츠를 쌓아 나가는 겁니다. 책에서 읽었던 좋은 문장에 팔로워들의 댓글이 많이 달렸다면 '좋은 문장'만 모을 수 있는 계정을 만들면 됩니다. 수영 기록을 종종 올렸는데 '좋아요'가 많았다면? 수영에 대한 노하우를 담은 카드뉴스를 만들 수도 있습니다. 모든 일상이 콘텐츠입니다.

5) '좋아요'를 부르는 콘텐츠의 비밀

조은 저자의 『시크릿 인스타그램』에서는 인스타그램 계정의 종류를 다섯 가지로 나눕니다. 개인의 소소한 일상을 올리는 '일상 계정', 일상의 소재 중 내가 좋아하고 잘하는 것을 통일성 있게 드러내는 '콘셉트 계정', 브랜드에서 운영하는 '브랜드 계정', 다른 사람의 게시물을 허락을 구하고 큐레이션하여 올리는 '커뮤니티 계정', 그리고 다양한 정보를 카드뉴스 형태로 제작해서 올리는 '콘텐츠 계정.'

선택의 문제이지만, 인스타그램으로 내 콘텐츠를 알리고 싶은 사람이라면 '콘셉트 계정'과 '콘텐츠 계정'이 적합합니다. 쉽게 말해 내가 잘하는 것, 좋아하는 것을 꾸준히 올리거나 내 지식이나 경험, 생각을 글과 사진으로 디자인해서 카드뉴스 형식으로 올리는 것. 제가 운영하는 골목책방 계정은 전자에 속하고, 퇴근맨 계정은 후자에 속합니다. 이름과 방향성은 다를 수 있지만 핵심 원리는 비슷합니다. 하나하나 살펴보겠습니다.

우선, 디자인은 무조건 깔끔해야 합니다. 인스타그램의 게시물은 하나하나의 사진이 주는 이미지도 중요하고, 게시물들이 모여 있는 전체 분위기도 중요합니다.

보기 좋은 떡이 먹기에도 좋은 것처럼 게시물로 올리는 사진이나 디자인이 깔끔해야 합니다. 가장 기본은 전체적인 색감이나 글꼴을 통일하는 겁니다. 통일감 있는 사진들을 올리면서 잘 정돈되어 있다는 느낌을 줄 수 있어야 합니다. 물론 콘텐츠 하나하나가 너무 유익하거나 재미있거나 실용적이라면 굳이 통일감에 연연할 필요는 없지만 그런 콘텐츠 역시도 가능한 선에서는 틀만 맞춰도 훨씬 더 보기 좋은 계정 운영이 가능합니다.

그리고 게시글의 첫 화면에 모든 힘을 실어야 합니다. 콘셉트 계정에서는 첫 사진이 제일 중요하고, 콘텐츠 계정에선 첫 문장이 가장 중요합니다. 인상 깊은 첫 사진, 첫 문장이 성공하는 인스타그램의 유일한 요소라고 말해도 좋을 만큼 중요합니다. 사람들의 이목을 끌 만한 사진과 문장을 찾기 위해 다른 어떤 것보다 시간을 많이 들여야 합니다. 다른 사람들의 계정을 많이 훑어보고, 직접 많이 찍어 보고, 끊임없이 써 보는 수밖에 없습니다. 너무 무책임한가요? 힌트를 드리고 싶은 마음에 제가 주로 활용하는 방법을 말씀드리려고 합니다.

- **명확한 대상 지칭하기** → 2030 교사가 지금 바로 할 수 있는 부수입 정리
- **하나의 메시지 던지기** → 선생님이라면 전자책 무료, 바로 해 보세요
- **구체적인 숫자로 표현하기** → 1,000편 넘게 쓰며 깨달은 글쓰기 꿀팁
- **얻을 수 있는 혜택 적기** → 선생님이라면 이 혜택은 꼭 챙기세요!
- **궁금증을 유발하는 표현 사용하기** → 교사가 파이프라인 만드는 방법
- **부정적인 표현 사용하기** → 선생님 이거 공짜인데 안 쓰신다고요?
- **이것, 저것, 그것 등의 표현 활용하기** → 선생님 새학기 시즌에 이건 꼭 하세요

이렇게 첫 사진에서 사람들의 이목을 끌었다면 그다음엔 그 바로 아래 보이는 설명란을 잘 작성해야 합니다. '#첫줄생략'은 본인이 인플루언서가 아니라면 절대 사용해서는 안 됩니다. 게시물에 처음 보이는 글은 단 두 줄뿐이기 때문에 이 소중한 두 줄에 내가 전하고자 하는 이야기를 잘 요약해서 적어야 합니다.

이런 망설임도 있을 수 있습니다. 내가 올리고 싶은 분야에 이미 유

명한 분들이 너무 많다거나 내가 전문가도 아닌데 콘텐츠를 올려봤자 누가 볼지 걱정이 되는 거죠. 이 세상엔 아무도 건드리지 않은 진귀한 분야는 거의 존재하지 않습니다(사실 마음속으로는 완벽하게 존재하지 않는다고 생각합니다). 그렇다면 어떻게 차별성을 둘 수 있을까요? 타깃을 좁혀 보는 겁니다. 나보다 더 지식, 경험이 없는 사람들을 위해. 예를 들어 유럽 여행과 관련한 콘텐츠를 올린다고 가정해 봅시다. 이미 유럽여행을 다녀온 사람은 셀 수 없이 많고, 나보다 훨씬 더 사진도, 내용도 좋은 콘텐츠도 무한하게 존재할 겁니다. 하지만 시기를 좁히거나, 대상을 좁히거나, 취향을 좁히거나, 여행 경험을 기준 등으로 타깃을 좁힐 수 있습니다. 가령 처음으로 연차를 쓴 신입 직원의 일주일 유럽 여행기 또는 오로지 레알 마드리드를 위한 유럽 여행기라든지. 좁히면 길이 보일 겁니다.

6) 팔로워 늘려 주는 핵심 요소 다섯 가지
- 해시태그, 스토리&하이라이트, 댓글, 참여 유도, 공유

인스타그램, 하면 떠오르는 것 중 하나가 해시태그입니다. 해시태그는 이용자들이 관심 있는 키워드를 손쉽게 검색해서 찾아볼 수 있게 도와주는 메타데이터 태그의 한 형태입니다. 해시태그를 활용할 수 있는 능력이 인스타그램을 잘하는 능력이라고 말할 수 있을 정도로 영향력이 큰 요소입니다. 게시물을 올릴 때에 관련 키워드 앞에 #을 붙여 검색하면 추천 해시태그마다 몇 개의 게시물이 존재하는지가 나옵니다. 그럼 게시물이 적은 소형 해시태그, 적당히 있는 중형 해시태그, 많이 있는 대형 해시태그로 나누어 각각 서너 개 정도 적어 주면 됩니다. 이 열두 개의 해시태그는 항상 고정되어 활용할 수도 있지만 프로페셔널 계정 분석 기능을 활용해 사람들에게 잘 노출이 되지 않으면 하나씩 수정해 주어야 합니다. 그렇게 나에게 맞는, 사람들이 관심이 많은 해시태그로 변경하면서 노출이 될 수 있도록 지속적인 관심과 노력을 기울여야 합니다.

　두 번째는 스토리와 하이라이트 기능입니다. 처음 스토리라는 메뉴를 보았을 때에 '이런 걸 누가 올려?'라고 생각했던 기억이 납니다. 스토리를 올리면 24시간 뒤에 사라지기 때문인데요. 어차피 사라질 게시물이 아니라 일상의 순간을 정말 그 순간에만 공유하고 싶은 사람들의 마음을 담은 메뉴였습니다(지금은 저도 매일 활용하고 있습니다). 특히 스토리에는 게시물을 올린 직후 그 게시물을 홍보하는 용도로 활용할 수 있습니다. 사진 아래 생기는 종이비행기 모양을 활용하여 '스토리에 추가' 버튼을 눌러 사람들에게 더 널리 알릴 수 있습니다. 그리고 게시물로 올리기엔 계정 전체의 분위기에 맞지 않는 사진이나 나의 다른 모습, 콘텐츠를 보여 주고 싶을 때 활용할 수 있습니다. 예를 들어 책 사진으로 가득한 계정에 뜬금없이 어제 다녀온 맛집 사진을 올리는 것은 계정의 통일성을 망가뜨립니다. 그렇기에 그런 일상적인 내용들은 스토리로 공유하는 거죠. 그렇게 점차 정체성을 확장시켜 나갈 수도 있습니다.

하이라이트는 이런 스토리들을 프로필 아래 모아 둘 수 있는 기능입니다. 포트폴리오나 취향, 일상을 따로 모아 두는 공간으로 활용하면 좋습니다. 24시간이면 사라지는 스토리 중에서 지속적으로 노출시키고 싶은 콘텐츠를 모아 두는 겁니다. 겸직과 부수입을 주로 다루고 있는 계정이지만 전문성을 나타내는 포트폴리오와 일상을 함께 보여 주고 싶은 생각도 있어서 하이라이트를 적극적으로 활용하고 있습니다.

팔로워를 늘리기 위해선 똑똑한 댓글 활동도 중요합니다. 구체적으로는 다른 사람의 게시물에 댓글을 달아야 하고, 내 게시물에 달린 댓글에 '답글'을 달아야 하며, '댓글 고정'을 적절하게 활용해야 합니다. 우선 관심사가 같은 계정에서 1만 팔로워 이상의 인플루언서 계정에 댓글을 남김으로써 다른 사람들이 내 계정으로 유입될 수 있게 활동할 필요가 있습니다. 이때 댓글은 센스 있게, 유머러스하게, 유익하게 남길 수 있도록 노력해야 합니다. 댓글에도 '좋아요'를 누를 수 있는 이유가 있겠죠? 그리고 팔로워 숫자와는 무관하게, 관심사는 같은 다양한 계정을 방문하며 게시물을 관찰하고 진실하게 댓글로 소통하면 서로 상부상조하는 관계로도 발전할 수 있습니다. 마찬가지로 내 게시물에 달린 댓글에는 진정성 있는 답글을 달아 준다면 더 깊은 온라인 속 관계를 맺을 수 있습니다. 마지막으로 내 게시물에 달린 댓글 중 정말 재밌거나 유익한 댓글은 댓글 고정 기능을 활용해 보세요. 게시물과 함께 댓글을 보는 재미까지 느낄 수 있다면 팔로우 버튼을 누르게 될 가능성이 높습니다.

다음으로는 참여를 유도하는 콘텐츠를 제작하는 방법이 있습니다. '내가 가진 양질의 콘텐츠를 무료로 드릴 테니, 제발 내 계정을 팔로우하고, 댓글을 달고, 여기저기 공유해 주세요!'라는 주제를 가진 콘텐츠를 만들면 됩니다. 우선 무료로 제공하는 콘텐츠는 당연히 사람들의 이목을 끌 수 있을 만한, 유료라고 해도 구입할 만한 콘텐츠여야겠죠? 콘텐츠가 여러 개 있다면 그중 하나를 나눠도 좋고, 정말 하나밖에 없는 콘텐츠라면 일부를 공유할 수도 있습니다. '매니챗'과 '구글 설문지'를 활용하면 손쉽게 자동 댓글과 자동메시지, 설문 수합까지 가능합니다. 그럼 수합된 연락처(주로 메일)에 약속한 자료를 보내드리면 끝이죠. 이렇게 편하게 내 계정과 콘텐츠를 순식간에 많은 사람에게 퍼뜨릴 수 있습니다. 제일 중요한 건? 팔로우를 하고 댓글을 달고, 지인들에게 공유할 정도로 괜찮은 콘텐츠를 무료로 공유해야 한다는 점만 잊지 않으면 됩니다.

마지막으로 팔로워를 늘리는 무엇보다 확실한 방법이 있습니다. 알아서 널리 알려져야 합니다. 여기저기 공유되어야 합니다. 사람들이 보자마자 친구에게 알리고 싶은 게시물을 만들면 됩니다. 전문 용어로 '바이럴 마케팅'이라고도 불리는데요. '충주맨' 김선태 주무관이 쓴 『홍보의 신』에도 바이럴에 관한 이야기가 나옵니다. "온라인상에서 홍보에 성공하고 싶다면 무조건 바이럴을 활용해야 합니다. 바이럴이 우연한 결과가 아니라 아예 목표가 되어야 합니다." 그리고 그 방법으로 재미와 시의성, 의미를 담으라고 말합니다.

인스타그램도 마찬가지입니다. 내 콘텐츠를 소비하는 사람들이 대체 무엇에 관심이 있는지 파악하고, 그들의 생각에 공감할 만한 내용과 재미있거나 의미 있는 내용까지 담아야 합니다. 그럼 자연스럽게 친한 친구에게, 회사 동료에게 알리고 싶은 마음이 생길 테니까요. 그런데 그게 어디 쉽나요. 그래서 저는 처음부터 바이럴이 될 만한 주제인지에 대해 고민을 해 보길 권합니다. 개인적으로 바이럴이 되기 위해선 다음 네 가지 기준 중 한 가지에는 반드시 들어가야 한다고 생각합니다. 돈이 되거나, 실용성이 좋거나, 재미있거나, 공감되거나. 그럼 퇴근맨의 콘텐츠는 넷 중에 어디에 속할까요? 그렇습니다. 네 가지를 다 섭렵하고 있는 퇴근맨 콘텐츠는 처음부터 완벽한 기획이었던 겁니다(죄송합니다).

7) 인스타그램도 디테일이 전부다

'악마는 디테일에 있다'라는 말을 좋아합니다. 사소한 것 하나도 놓치지 않는 작품이나 브랜드를 보면 감탄하곤 하는데요. 인스타그램도 마찬가지입니다. 잘 되는 계정에는 디테일함이 숨어 있습니다. 하나씩 소개해 보겠습니다.

먼저 가장 먼저 해야 할 일은 프로페셔널 계정으로 변경하는 것입니다. 변경하는 방법은 '설정 및 개인정보' → '크리에이터 및 광고 도구' → '계정 유형 전환' → '프로페셔널 계정으로 전환' 순서로 진행하면 됩니다. 변경해야 하는 이유가 중요하겠죠. 프로페셔널 계정은 마케팅, 즉 나를 널리 알리는 데에 최적화된 계정 유형입니다. 내 계정과 게시물의 각종 통계자료를 살펴볼 수 있고, 광고도 집행할 수 있으며, 피드에 예약 포스팅도 가능합니다. 그렇다면 계정 변경은 유료일까요? 무려 무료입니다. 그럼 사용하지 않을 이유가 없지요?

프로페셔널 계정으로 변경하면 프로필 소개 아래 '프로페셔널 대시보드', 각 게시물 아래 '인사이트 보기'라는 메뉴가 생깁니다. 이걸 클릭하면 내 계정이 얼마나 많은 사람들에게 어떤 루트로 도달했는지 알 수 있습니다. 그리고 팔로워들의 성별과 자주 활동하는 시간대, 활동하는 지역도 알 수 있습니다. 이런 정보들을 어떻게 활용할 수 있을까요? 예를 들어 내 팔로워가 수도권에 사는 30대 여성이고, 출퇴근 시간에 특히 자주 인스타그램을 본다는 사실을 인사이트를 통해 파악했다고 생각해 봅시다. 그럼 앞으로 만들 콘텐츠의 방향성을 잡기에 한결 수월해집니다. 운동과 관련된 인스타그램을 운영한다면 30대 여성에게 도움이 될 내용을 선별해 게시물을 만들고 오전 일곱 시나 오후 일곱 시에 올리면 됩니다. 타깃이 명확해지면 콘텐츠도 명확해집니다. 또한 해시태그를 통해 사람들이 들어오고 있는지 확인 후에 적절하게 수정도 가능하고, 검색 탭을 통해 들어오고 있다면 내 게시물이 상위노출되고 있음을 확인할 수 있습니다. 인스타그램을 할 때 이런 정보를 알고 하는 것과 모르고 하는 것은 정말 천지 차이입니다.

팔로워들과 소통을 유도하는 방법도 활용하면 좋습니다. 스토리에 '질문', '설문', '퀴즈' 등의 기능을 활용해 사람들과의 소통 창구를 만들 수 있습니다. 특히 나에 대해, 내가 만드는 콘텐츠에 대해 '무엇이든 물어 보세요'라는 궁금증 해결 창구를 만듭니다. 그리고 하나하나 정성들여 답변하고 그 답변을 전체에게 공개하여 자신 또는 자신의 콘텐츠, 전문성을 적극적으로 홍보하는 인플루언서들도 많습니다.

인스타그램을 운영할 때 활용할 수 있는 도구들도 굉장히 많습니다. 인스타그램은 사진 위주의 SNS지만 글을 알차게, 꼼꼼하게 적는 분들도 있습니다. SNS 글의 핵심은 가독성입니다. 가독성을 위해 줄을 잘 나눠야 하는데, 인스타그램에선 유독 줄을 나누는 과정에서 애를 먹는 경우가 많습니다. 정말 잘 안 나눠지거든요. 그래서 '인스타 공백닷컴' 사이트를 활용해 스마트폰으로 읽었을 때 가독성 좋게 줄을 나눠주면 좋습니다. 이 작은 노력이 큰 느낌의 차이를 가져옵니다. 다음으로 사진과 글을 조합한 카드뉴스나 감성 글귀를 나누고 싶은 분들은 '미리캔버스'나 '캔바'와 같은 디자인 웹사이트 또는 '글그램' 애플리케이션을 활용하면 좋습니다. 활용하기 좋은 예시 템플릿도 다양하게 준비되어 있기에 저처럼 감각 없는 디자인 문외한도 누구나 괜찮은 작품을 만들 수 있습니다. 다음은 'layout'이라는 앱인데요, 여러 장의 사진을 하나로 모으고 싶을 때 사용합니다. 휴대폰에 있는 사진을 바로 편집 가능하고, 다채로운 레이아웃으로 변경할 수 있어서 평소 자주 사용하는 앱 중 하나입니다. 마지막으로 '리틀리', '링크트리'와 같은 멀티링크 사이트도 반드시 활용하셔야 합니다. 하나의 링크 안에 여러 개의 포트폴리오를 담을 수 있는 서비스인데요. 블로그, 유튜브, 책, 강의, 협업 문의 등 나에 관한 많은 정보를 한눈에 살펴볼 수 있게 만드는 겁니다. 그렇게 적을 게 없다고요? 그래도 하셔야 합니다. 강의 문의를 위한 메일 주소, 카카오톡 주소라도 넣어 두세요. 블로그에 글 한 편이라도 쓰고 주소를 올려 두세요. 처음엔 일단 쌓고 보는 겁니다.

　어느 정도 계정이 성장해서 더 널리 알리고 싶거나, 나만의 상품(책, 강의, 이모티콘 등)을 만들었다면 인스타그램 광고를 활용할 수 있습니다. 게시물을 클릭하면 사진 하단에 '게시물 홍보하기' 메뉴가 보입니다. 클릭해 주세요. '광고 목표 선택 → 타겟 선택 → 기간에 따른 예산 설정 → 제출하기' 순서로 진행이 되는데요. 광고를 주로 사용하는 분들의 이야기를 종합해 보니 기간은 최소 6일 이상, 비용은 최소 5천 원 이상을 써야 노출도와 반응을 유의미하게 확인할 수 있다고 합니다. 하나만 덧붙이자면 정말 광고를 활용하실 계획이라면 다른 인스타그램 계정을 많이 보기를 권합니다. 보고 형식을 따온 뒤 그 안에 내 이야기를 담는 것, 벤치마킹의 중요성은 앞에서도 충분히 설파했으니 여기선 생략하겠습니다.

　마지막으로 인스타그램을 정말 제대로 할 생각이라면 반드시 '릴스'를 운영해야 합니다. 저 역시도 릴스를 제작하며 훨씬 더 많은 사람에게 제 콘텐츠가 전해지기 시작했습니다. 돋보기 모양만 눌러 봐도 인스타그램에서 릴스 콘텐츠를 엄청나게 밀어주고 있음을 확인할 수 있습니다. 릴스 콘텐츠로 수익화할 수 있는 길을 열어 준 것도 중요한 증거가 되겠죠. 그렇다면 릴스는 어떻게 만들어야 할까요? 간단합니다. 인스타그램 공식 사이트에서 정답을 나누어 주었습니다.

- 많은 사람에게 즐거움을 주는 콘텐츠
- 사람들이 무언가를 만들도록 영감을 주는 콘텐츠
- 인스타그램 음악 라이브러리 또는 릴스 오디오 도구로 만든 원본 오디오의 음악을 사용한 콘텐츠
- 세로로 촬영된 콘텐츠
- 커뮤니티와 관련된 의미 있는 이벤트를 보여주는 콘텐츠
- 다양한 배경과 관점을 지닌 크리에이터가 제작한 콘텐츠

릴스 콘텐츠를 많이 제작해 보지는 않았지만 몇 번 운이 좋게 릴스 관련 연수를 듣게 되었습니다. 이를 통해 느낀 점은 처음엔 기존에 있는 틀을 잘 활용하면 된다는 겁니다. '캡컷'과 같은 영상 편집 앱에도 템플릿이 있습니다. 그럼 내가 소개하고자 하는 내용을 그 템플릿에 담으면 됩니다. 그다음은? 많이 보고, 많이 만들어 보고, 많이 올려 보는 수밖에 없겠죠. 진부하게 들릴지 모르겠지만 결국 릴스도 꾸준함이 답입니다.

공무원 N잡의
출발은
'블로그 글쓰기'

1] 블로그로 N잡을 시작해야 하는 이유

김민식 작가의 책 『매일 아침 써봤니?』에는 블로그와 관련된 Q&A가 나옵니다. 이 질의응답이 참 인상적이었습니다.

Q. 사람들에게 블로그를 권하는 이유는 무엇인가요?
A. 50년을 살아 보니, 살면서 재미와 의미라는 두 마리 토끼를 잡을 수 있는 일이 많지 않더라고요. 글쓰기야말로 두 마리 토끼를 잡는 대표적인 방법이에요. 우선 글을 쓰는 건 재미가 있어요. 그리고 내 글이 누군가에게 도움이 된다면 의미도 있는 거죠. 자투리 시간을

투자해 재미와 의미를 동시에 추구할 수 있는 일, 블로그만큼 쉬운 것도 없어요.

저는 재미와 의미에 한 가지 더 추가하고 싶습니다. 바로 부수입. 지금부터 블로그에 대해 자세히 알아보겠습니다.

먼저 질문을 하나 드리려고 합니다. 여러분께서 자신의 이야기, 공부한 내용을 콘텐츠로 만들고 싶다고 가정하는 겁니다. 글로 쓰는 게 편할까요? PPT를 만드는 게 편할까요? 아니면 영상을 제작하는 게 편할까요? 이미 가지고 있는 개인의 역량에 따라 다를 수 있겠지만 아마 대부분 글쓰기가 가장 편할 겁니다.

그래서 공무원 겸직의 시작은 글쓰기로 시작하는 게 좋습니다. 이 책을 읽고 계신 분들 중 다수가 콘텐츠 소비자로 살아오다 콘텐츠 생산자로 넘어가야 하기에 최대한 쉽고, 지속할 수 있는 것으로 발을 내딛는 게 중요합니다. '시작이 반이다'라는 말의 의미를 가만히 생각해 보면 시작하기가 정말 어렵다는 의미이기도 합니다. 그래서 그나마 부담이 적은 블로그로 콘텐츠 제작, N잡을 시작하시길 권합니다.

더 나아가 글쓰기 실력은 공무원 N잡 방법으로 소개했던 모든 영역에 반드시 필요한 역량입니다. 책 쓰기는 당연히 글 실력과 충분한 양의 원고가 필요하고, 강의 역시 강의안 작성과 강의 대본이 필수적입니다. 그렇다면 유튜브에는 글쓰기가 왜 필요할까요? 대본을 작성하거나 유튜브 영상을 기획할 때에도 글쓰기가 들어갑니다. 유튜브 초창기 시절에는 대본 없이, 기획 없이 정말 유머 감각이나 즉흥적인 센스로 채널을 이끌어가는 분들도 계셨지만 지금은 대부분 대본, 기획을 필수적으로 가져갑니다.

이렇듯 글쓰기 실력도 기를 수 있고 또 글을 써서 다른 이들에게 도움을 주며, 나를 알리는 공간으로 활용하기도 하고, 부수입도 창출할 수 있는 블로그, 차근차근 알아보도록 합시다.

퇴근맨의 블로그 소개

저는 2019년부터 네이버 블로그를 운영해 왔고, 2024년인 현재까지 450여 편의 글을 작성했습니다. 약 45만 회의 방문 수를 기록하고 있고, 네이버 도서 분야 인플루언서 활동으로 5,700명의 팬과 4,300명의 이웃들이 제 블로그에, 제 글에 관심을 가지고 있습니다.

방문 횟수나 이웃의 수가 큰 의미가 없다고 생각하는 분도 있을 수 있습니다. 하지만 저는 조금은 다르게 생각합니다. 이 두 가지는 블로그를 운영하며 바로바로 확인할 수 있는 결과물이기 때문에 블로그를 제대로 운영하고 있는지 판단하는 직접적인 기준이 되어 줍니다. 또 이를 바탕으로 개선할 점을 찾거나 아니면 스스로 만족감을 채워 가며 블로그를 운영할 수 있죠. 그리고 이웃의 숫자가 많을수록 내 글이 노출될 확률이 높고 내가 쓴 글에 도움을 받은 사람이 많다는 의미로 해석할 수 있습니다.

저는 치열하게 네이버 블로그를 운영하다 2020년에는 티스토리 블로그로 확장을 했습니다. 티스토리 블로그에는 84편의 글을 작성해서

10만 회의 방문 수를 기록하고 있습니다. 네이버와는 전혀 다른 글 소재로 블로그 운영법을 익히고자 시작했음에도 불구하고 꾸준히 유의미한 유입이 이루어지고 있습니다.

지금 당장 블로그를 시작해야 하는 이유

블로그가 쉽다는 이야기는 앞에서 충분히 했고, 그럼 이번엔 다른 측면에서 블로그를 시작해야 하는 이유를 살펴봅시다. 저는 해야 하는 이유를 명확히 정리하고 시작하는 것과 그렇지 않은 것 사이에는 큰 차이가 있다고 생각합니다.

첫째, 텍스트 콘텐츠의 수요는 여전합니다.
유튜브가 등장하면서 영상 시청 시간이 엄청나게 늘어난 것은 확실합니다. 하지만 유튜브와 블로그는 제로섬 게임을 하고 있다고 생각하지 않습니다. 오히려 콘텐츠를 소비하는 시간이 전체적으로 늘었기 때문에 유튜브와 블로그에서 함께 수요가 발생하고 있다고 생각하는 게 더 합리적이지 않을까요? 그 이유는 주로 블로그는 영상 플랫폼에 비해 검색용 콘텐츠로 소비되는 비율이 높기 때문입니다.

여러분들은 맛집 어떻게 찾아보시나요? MZ세대에서는 인스타그램 검색 비율이 높아지고 있지만, 여전히 맛집, 여행지를 찾아보거나 생활용품 등의 제품을 찾아볼 때 검색 포털을 통해 글로 정리된 콘텐츠를 보고 계시진 않은가요? 텍스트 콘텐츠를 선호하는 사람은 여전히 많고 앞으로도 분명 많을 겁니다.

구글 크롬(Chrome)이나 마이크로소프트 빙(Bing)의 순 이용자 비율이 증가하긴 했지만, 여전히 대한민국의 1위 검색 엔진은 네이버입니다. 네이버가 똑똑한 전략으로 수많은 경쟁자를 물리치고 검색 쪽으로는 견고하게 자리를 잡고 있습니다.

그건 검색 포털의 관점이지 블로그는 아니지 않느냐고 반문하실수도 있습니다. 하지만 네이버의 검색 결과 상위는 대부분 네이버 블로그 글이며, 네이버에서 검색이 많이 이루어진다는 건 블로그에 대한 수요가 많다는 의미로 해석할 수 있습니다. 또 유튜브가 대세가되어가는 흐름을 블로그도 가만히 보고 있진 않습니다. 블로그 챌린지와 같은 재미있는 이벤트를 만들어 앞으로 소비의 중심이 될 MZ세대를 끌어들이고 있습니다. MZ세대들은 기록용으로 또는 수익화용으로 네이버 블로그를 개설하고 강의를 찾아다니는 사람들이 굉장히 많습니다.

이러니저러니 해도 이 책은 N잡, 부수입에 관한 이야기를 담고 있다보니 수익화에 대해서도 이야기하지 않을 수 없습니다. 네이버 블로그 관련 강의는 여전히 건재하고, 새로운 강의도 우후죽순 개설되고있습니다.

또 강의뿐 아니라 블로그 관련 책도 정말 많습니다. 그만큼 사람들의 관심과 수요가 많고 또 수익화가 가능하다는 걸 증명해 낸 사람들이 많다는 의미겠죠? 물론 블로그로 월급만큼 번다든지, 블로그로 퇴사를 했다는 것처럼 엄청난 고성과를 낸 사람들은 소수입니다. 하지만 그렇다고 해서 다른 세상의 이야기로 치부할 것이 아니라, 우리가 바라는 경제적 여유의 한 부분으로 블로그를 운영한다는 마음으로 접근한다면 블로그를 유용하게 활용할 수 있을 거라고 확신합니다.

넷째, 대한민국 마케팅의 거점 역할을 합니다.

정말 좋은 이야깃거리, 콘텐츠를 가지고 있다고 해도 그걸 널리 알릴 수 없다면, 아무도 들어주지 않는다면 수익화 면에서는 빛 좋은 개살구일 뿐입니다. 그런 면에서 우리는 마케팅에 대해서도 공부해야 합니다. 마케팅은 사실 굉장히 복잡하고 어려운 영역이지만 여기선 정말 간단하게 내 콘텐츠를 널리, 잘 알리는 방법 정도로 이해하고 활용하면 좋을 것 같습니다.

이러한 마케팅을 배울 수 있고, 바로바로 적용할 수 있고, 효과적으로 활용할 수 있는 공간이 바로 네이버 블로그입니다. 실제로 블로그를 잘 활용하는 기업이나 개인사업자, 프리랜서들의 모습을 많이 보는데요, 의사, 변호사, 공인중개사 아니면 스냅사진 업체, 자동차 관리 업체 등 무궁무진합니다. 그리고 이들의 블로그 운영을 돕는 마케팅 업체도 엄청나게 많습니다. 그만큼 블로그가 파급력, 영향력이 있고, 마케팅 효과가 확실하게 나타나는 공간이란 뜻입니다.

다섯째, 브랜드로 나아가는 발판이 됩니다.

공무원 겸직의 최종 목적지는 강력한 퍼스널 브랜딩입니다. 나를 브랜드화해서 팬을 늘리고, 합법적으로 겸직이 가능한 콘텐츠 제작 수익을 극대화해야 한다는 이야기인데요. 네이버 블로그는 이전에는 파워블로거라는 이름으로, 지금은 네이버 인플루언서라는 이름으로 개인의 브랜드화에 많은 도움을 주고 있습니다.

네이밍을 붙여 주는 것만으로 사람들의 인식이나 신뢰도가 달라집니다. 같은 책을 소개한다고 하더라도 일반 블로그의 글보다는 도서 분야 인플루언서의 글을 클릭할 확률이 높고, 클릭은 방문으로, 방문은 관심으로, 관심은 수익으로 이어질 가능성이 높습니다.

또 네이버 인플루언서가 되는 순간, 검색 상위 노출 확률이 높아지고 인플루언서들만 활용할 수 있는 챌린지에도 참여할 수 있습니다. 이는 블로그의 질을 계속 높여 주는 역할을 합니다. 그리고 인플루언서만을 위한 교육이나 서비스들이 제공되기 때문에 이를 잘 활용한다면 개인의 브랜딩에도 큰 도움을 받을 수 있습니다.

공무원이 블로그를 시작해야 하는 이유

이번에는 공무원의 측면에서, 개인의 측면에서 블로그를 시작해야 하는 이유를 몇 가지 말씀드리겠습니다.

가장 먼저, 블로그는 쉽습니다.

우리가 할 수 있는 영역들 중 접근이 쉬운 편입니다. 이 책을 읽고 계신 분들 중 네이버 아이디가 없는 분은 아마 없을 거고, 네이버 아이디만 있다면 지금 바로 블로그 개설이 가능합니다. 운영 방식도 복잡하지 않습니다. 뒤에서 말씀드릴 기본 세팅만 잘 해 둔다면, 일정한 틀 안에서 글쓰기를 꾸준히 해 나가는 일에만 매진하면 됩니다.

둘째, 기록의 힘은 생각보다 큽니다.

블로그는 꼭 수익화의 측면이 아니더라도 우리의 삶에 좋은 영향을 가져올 수 있다고 생각합니다. 처음 블로그를 시작할 때는 강의도 찾아다니고, 책도 여러 권 빌려 읽으면서 이론적이고, 방법적인 걸 습득하려는 마음이 컸습니다. 그때 이런 문구를 읽게 되었습니다.

"블로그를 하면 좋은 일이 생길 거예요."

제목은 어떻게 짓고, 키워드는 이렇게 활용하고, 글 쓰는 주기는 어떻게 가져가야 하는지 등의 이야기보다 블로그를 하면 좋은 일이 생길 거라는 아주 감성적이고, 희망적인 한 문장이 주는 울림이 더 컸습니다. 이 좋은 일은 블로그라는 매개체를 통해 기록하는 행위를 하기 때문이라고 생각합니다.

기록하기 위해선 일상을 관찰해야 합니다. 물 흐르듯 지나가는 일상을 내 곁에 잡아 두는 거죠. 스쳐 지나갈 수 있는, 무의미한 작은 일도 곱씹어 생각해 보게 됩니다. 또 마구잡이로 떠다니는, 이리 저리 움직이는 내 생각과 마음을 정리하게 됩니다. 자신의 감정을 온전히 들여다보는 시간을 가지게 되고, 살아가며 만나게 되는 고민들에 대해 회피하지 않고 깊이 고민해 보게 됩니다.

셋째, 나를 이해하는 힘, 세상을 이해하는 힘이 늘어납니다.

내가 어떤 걸 좋아하는지, 무엇에 관심이 있는지 모두 기록으로 남기 때문에 스스로를 이해하고 정의할 수 있게 됩니다. 또 다른 사람들은 어떤 생각으로 살아가는지, 무엇에 관심을 가지고 있는지 등 세상에 관심을 갖게 되죠.

넷째, 블로그 기록은 포트폴리오가 됩니다.

노트에 쓴 기록은 일기로 남지만, 블로그에 쓴 기록은 포트폴리오가 됩니다. 나를 소개할 때, 지원 또는 신청할 때 주저리주저리 말하지 않고 블로그를 보여 주면 됩니다. 실제로 책과 강의 계약을 할 때에도 제 블로그가 큰 역할을 했습니다.

다섯째, 글쓰기 실력을 길러 줍니다.

당연한 이야기입니다. 몸을 쓰다 보면 근육이 늘어나듯이 글을 쓰다 보면 글 실력은 늘게 됩니다. 충분한 시간을 들여야 한다는 만고불변의 진리에만 귀를 닫지 않는다면 글쓰기 실력을 기르는 가장 확실한 방법은 많이 써 보는 겁니다. 글쓰기 실력은 단순히 겸직뿐만 아니라, 우리가 인생을 살아가는 데 아주 유용한 기술입니다. 글을 잘 쓴다는 건 생각을 잘 정리한다는 것이고, 논리적으로 사고할 수 있다는 것이므로 대화를 할 때에도, 인간관계를 맺을 때에도, 업무 처리를 할 때에도 모두 활용할 수 있습니다.

블로그로 공무원이 수익화하는 방법

실제로 블로그로 수익화를 할 수 있는 방법들은 다양합니다. 하지만 공무원이 할 수 있는 것과 할 수 없는 것이 나누어져 있기 때문에 이를 명확히 인지하고 시작해야 합니다.

규정은 워낙 중요한 부분이라 한 번 더 간단하게 요약하고 구체적인 내용을 짚어 보겠습니다. 앞서 설명했던 것처럼 블로그를 계속적으로 제작 관리하여 광고료를 받는 행위는 영리 업무에 해당하므로 겸직 허가를 받아야 하고, 물품 협찬을 받거나 금전을 받아 물품을 홍보하는 행위는 국가공무원 복무·징계 관련 예규에서 금지하고 있습니다.

쉽게 말해 돈이나 물건을 받고 협찬, 광고를 해서는 안 되지만, 직접 사용한 물건이나 맛집 리뷰 등을 통해 네이버 블로그에 쓴 글에 게재되는 클릭형 광고를 블로그 방문자가 클릭해서 들어오는 수수료는 받을 수 있다는 이야기입니다. 더 쉽게 말하면 협찬이나 글 쓴 대가를 따로 받지 않으면 됩니다.

그럼 공무원이 블로그로 수익화할 수 있는 건 무엇이냐? 바로 네이버 애드포스트와 티스토리의 애드센스입니다. 블로그 수익의 가장 메인인 애드포스트와 애드센스는 블로그 글 하단이나 중간에 광고를 게재하고 방문자가 광고를 클릭하여 발생한 수익을 블로그 주인에게 공유하는 서비스입니다.

두 플랫폼의 차이를 자세히 짚고 넘어가겠습니다. 우선 광고시스템 자체를 네이버는 애드포스트, 티스토리는 애드센스라고 부릅니다. 애드포스트와 애드센스를 등록하기 위해선 각 회사의 승인을 받아야 하는데요. 두 플랫폼 모두 운영한 기간이나 콘텐츠의 숫자, 방문자 수 등을 종합적으로 심사하여 승인이 이루어지지만, 정확한 수치가 공개되어 있진 않습니다. 난이도 자체는 티스토리는 애드고시라고 불릴 만큼 난이도가 있는 것으로 알려져 있고, 네이버는 블로거들 사이에서 암암리에 알려진 기준을 충족시키면 승인이 어렵지 않게 나는 것으로 알려져 있습니다.

애드포스트 승인을 받은 사람들의 조건을 분석해 본 결과, 대략 블로그 개설일 90일 이상, 작성 글 50편 이상, 일 방문자 평균 100명 이상이 되면 대부분 승인이 났다고 합니다. 또 애드센스의 경우는 10편 이상의 글, 전문성 있는 글, 글 한 편당 1,000자 이상 쓰기 등의 조건이 있는데 이 역시도 천차만별이기 때문에 앞서 말씀드린 정도만 챙겨서 쓴다고 생각하면 됩니다.

수익 면에서도 차이가 있습니다. 같은 에너지를 써서 비슷한 주제로 블로그를 운영한다고 했을 때 애드센스(티스토리)가 애드포스트(네이버)보다 수익이 좋습니다. 기본적으로 블로그 글 내에만 광고를 배치할 수 있는 네이버와는 달리 티스토리는 첫 화면 배너, 메뉴 클릭 시 전환 광고, 전면광고 등 다양한 형태의 여러 개의 광고를 게재할 수 있기 때문에 수익의 차이가 생길 수밖에 없습니다. 또 블로그 글 내에서도 네이버가 전적으로 관리하는 애드포스트와 달리 티스토리는 블로그 운영자가 원하는 위치에 원하는 만큼 광고를 삽입할 수 있습니다(물론 광고를 많이 게재한다고 무조건 좋은 것은 아닙니다. 페이지 로딩 속도가 느려질 수 있고, 방문자들이 광고 블로그로 오해할 여지도 있습니다).

또 네이버의 경우 단순히 내가 작성한 글과 관련된 광고가 뜨지만, 티스토리의 경우 방문자가 평소 관심 있어 하는, 검색을 해 본 것을 알고리즘을 활용해 반응형 광고로 사람마다 다르게 제공합니다. 그렇기 때문에 방문자의 광고 클릭률도 훨씬 높아질 수밖에 없습니다.

그럼에도 불구하고 네이버 블로그를 추천하는 이유

이렇게 수익의 측면에서 티스토리 블로그가 유리한 편이지만 그럼에도 불구하고 저는 네이버 블로그를 추천합니다. 이유는 단순히 애드포스트와 애드센스 수익만으로 우리의 목표인 경제적 여유, 퍼스널 브랜딩에 이르기 쉽지 않기 때문입니다. 그래서 더 확장성이 있고, 사람들에게 노출이 유리한 네이버 블로그로 시작하길 권합니다.

네이버가 우리나라 검색포털 1위인 만큼 네이버 블로그를 운영한다면 내가 쓴 글의 노출이 많은 대중에게 닿을 수 있다는 이야기이고, 글의 주제도 가벼운 주제부터 전문성 있는 주제까지 다양하게 다룰 수 있어 부담이 없습니다. 또 기본적으로 방문자나 이웃 사이에 소통이 많은 편입니다. 그만큼 내 글이 여러 사람들에게 소비된다는 건 확장할 수 있는 길도 늘어난다는 의미입니다. 네이버 블로그를 운영하시다 출판사와 연이 닿거나 강의로 확장해 나가는 분들도 엄청나게 많습니다.

반면에 티스토리는 구글과 다음 검색으로 이루어집니다. 네이버에 비해 노출이 상대적으로 적고, 주로 일상 글보다는 IT계통의 전문적인 정보성 글이 많기 때문에 이웃과의 소통보다는 정말 정보만 딱딱 깔끔하게 전하는 공간으로 활용되고 있습니다. 물론 제가 놓쳤을 가능성도 있지만 네이버에 비해 책이나 강의로 이어지는 확장성은 크지 않은 것 같습니다.

또 SNS를 즐겨하는 분들은 아시겠지만 다른 사람들의 댓글과 좋아요는 글과 사진, 영상을 올릴 때 지속할 수 있는 에너지가 됩니다. 정말 기계적으로 글을 쓸 수 있는 소수의 사람들을 제외한다면 대부분 네이버 블로그로 시작해야 많은 사람들과 소통하며 즐겁게 지속해 나갈 수 있습니다.

정리하자면 일단 사람들과 소통하기도 쉽고, 가벼운 글로도 그다지 어렵지 않게 수익 신청이 가능한 네이버 블로그로 글쓰기의 재미를 느껴 보세요. 그리고 차근차근 블로그 운영법을 공부하며 블로그를 키우는 방법을 체득해 보셨으면 합니다. 그 이후에 여러 글을 써 보며 '나는 확장성보다 기계적으로 블로그 글을 쓰는 게 더 좋다'고 판단되면 네이버로 익힌 노하우를 티스토리 블로그로 옮겨 운영해 나가면 됩니다. 두 블로그 모두 운영의 큰 틀 면에서는 크게 다르지 않기 때문에 전환 과정이 어렵지 않습니다. 일단 이번 챕터를 다 읽자마자 블로그를 개설하는 일이 최우선이겠죠?

그렇다면 이번엔 네이버 애드포스트를 중심으로 광고 수익화 방법을 조금 더 구체적으로 알아보겠습니다. 단순히 글을 쓰고 광고를 게재해 수익을 얻는다는 생각으로만 접근하시면 수익화의 길이 좁게 보일 수 있습니다. 다음 소개하는 내용들을 생각해 보셨으면 합니다.

첫째, 고수익 키워드를 노리는 방법,
둘째, 방문자 수를 늘려서 수익을 늘리는 방법,
셋째, 인플루언서가 되어 더 높은 광고료를 받을 수 있는 프리미엄 광고를 다는 방법,
넷째, 블로그를 넘어 포스트, 밴드 등으로 애드포스트를 확장시켜 나가는 방법,
마지막으로 블로그를 발판 삼아서 또 다른 루트로 나아가는 방법입니다.

먼저 생각해 봅시다. 주식, 부동산과 같은 금융 광고, 아니면 소설이나 자기계발 책 홍보와 같은 출판사 광고 둘 중에 어느 분야가 더 광고에 투자를 할까요? 일반적으로 금융 광고에 투자되는 돈이 훨씬 더 클 거라고 생각합니다. 그럼 이번엔 블로그로 바꾸어 생각해 보시죠. 만약 여러분이 블로그를 똑같은 노력으로 운영한다면 금융 관련 블로그와

책 관련 블로그 중 어느 쪽에서 더 높은 수익을 얻을 수 있을까요? 당연히 금융 관련 블로그입니다. 앞서 설명했던 것처럼 애드포스트는 광고 수익을 블로그 주인과 공유하는 서비스이기 때문에 광고 투자 금액이 클수록 블로그 운영자에게 돌아오는 수익도 커집니다. 이렇게 높은 수익을 줄 수 있는 분야를 선택해 글을 쓰는 방식이 첫 번째 방식입니다.

　두 번째는 방문자 수를 늘려서 수익을 높이는 방법입니다. 블로그에 방문자가 많아질수록 광고 노출 빈도가 올라가고 자연스럽게 광고를 클릭할 확률도 높아진다고 생각하면 됩니다. 방문자 수를 늘리기 위해 꼭 알아 두어야 할 것이 세 가지 있습니다. 먼저 나의 블로그 레벨에 맞는 키워드를 찾는 것, 키워드 작성 공식에 맞게 글을 쓰는 것, 꾸준하게 쓰며 블로그 레벨을 높이고 더 높은 키워드를 공략하는 것. 이 세 가지만 잘 해낸다면 블로그 방문자 수를 어렵지 않게 확보할 수 있게 됩니다. '블로그 키워드'에 관련된 구체적인 내용은 이후에 자세히 다루도록 하겠습니다.

　세 번째는 네이버 인플루언서가 되는 방법입니다. 네이버에서는 글 분야별로 인플루언서를 선정해서 그들의 글에 프리미엄 광고를 달 수 있도록 하고 있습니다. 프리미엄 광고는 광고료가 더 높은, 인플루언서들을 위한 광고라고 생각하시면 됩니다. 이뿐만 아니라 인플루언서가 되면 블로그 글 노출도가 이전보다 훨씬 높아지게 되고, 인플루언서들만 참여할 수 있는 키워드 챌린지를 활용하여 방문자를 유입할 수 있게 됩니다. 또 사람들의 신뢰도 역시 올라가기 때문에 같은 주제의 글을 쓴다 하더라도 블로그 이름 옆에 인플루언서가 붙은 블로그를 선택할 확률이 올라가게 됩니다. 그럼 인플루언서는 어떻게 해야 될 수 있을까요? 세 가지 기준이 있습니다. 한 분야에 대해 양질의 콘텐츠, 긴 체류 시간 확보, 안정적인 주기로 제공하기. 쉽게 말하면 전문성 있는 글을 꾸준히 작성, 발행하는 겁니다. 어렵지 않죠?

네 번째는 애드포스트를 여러 군데에 설치하는 방법입니다. 개인이 기록을 남기는 용도로 가볍게 접근할 수 있게 만든 블로그뿐만 아니라 전문성 있는 에디터들을 위한 글 공간인 네이버 포스트, 사람들과 커뮤니티를 형성해 소통할 수 있도록 만든 네이버 밴드에도 애드포스트를 등록할 수 있습니다. 다만 PC와 모바일 버전 모두 애드포스트가 적용되는 블로그와는 달리 포스트와 밴드는 모바일로만 지원이 되기 때문에 그 부분 유의하시면 좋을 것 같습니다.

마지막으로 블로그를 발판 삼아서 또 다른 루트로 나아가는 방법입니다. 블로그 글은 단순히 글로만 끝나지 않고, 여러 가지 확장을 위한 재료가 되어 줍니다. 예를 들어 블로그 글을 엮어서 책을 작성할 수도 있고, 블로그 글을 기반으로 유튜브 영상을 제작할 수도 있습니다. 또 공무원을 대상으로 하는 다양한 프로그램들을 신청할 때 나를 소개하는 포트폴리오가 되어 주기도 합니다. 예를 들어 교육공무원의 경우 공제회 홍보 크리에이터를 뽑습니다. 양질의 글을 통해 공제회를 알리려는 목적을 가지고 사람을 뽑기 때문에 블로그를 잘 운영하고 있는 사람일수록 뽑힐 확률이 올라가게 됩니다.

이렇게 애드포스트를 활용할 수 있는 수익화 방법에 대해 알아보았는데요. 블로그 애드포스트 수익은 우리가 정말 가볍게 접근할 수 있는 첫 단계의 수익일 뿐입니다. 이유는 쉽게 접근할 수 있는 만큼, 경쟁자도 많고, 수익이 굉장히 적기 때문입니다. 하지만 처음부터 '그거 돈도 얼마 되지 않는다는 데 뭐 하러 하냐'라는 생각보다는 '일단 이걸로 단돈 천 원이라도 벌어 보자'라는 마음으로 접근하셨으면 좋겠습니다.

마음가짐의 차이가 실행력의 차이를 가져오고, 실행력의 차이가 결국 실력의 차이를 가져오게 됩니다. 네이버 블로그를 하며 만족스러운 수익을 얻는 건 어렵다는 것을 인정하지만, 동시에 블로그를 통해서 얻을 수 있는 게 무궁무진하다는 것 또한 제가 자신 있게 장담할 수 있습니다. 제목을 짓고 글의 흐름을 짜는 방법, 키워드 잡는 방법, 내 글을 상위에 노출시키는 방법, 간단한 사진 편집 기술, 글감을 모아 가는 습관, 저작권이 자유로운 소스 등 정말 피와 살이 되는 노하우들을 쌓을 수 있는 시간이 될 겁니다. 그 내용들은 뒤에서 차근차근 설명하도록 할 테니 '긍정'의 마음, '해 보자'라는 생각을 가지고 따라오셨으면 좋겠습니다.

2) 블로그, 기초부터 단단하게 세우기

먼저 블로그 시작을 위해 기본적으로 설정해야 하는 모든 것들에 대해 알아보고 다음 챕터에서 글쓰기에 대해 제가 아는 모든 노하우를 풀어 보도록 하겠습니다. 이 내용들은 모두 놓쳐서는 안 될 꿀팁들이 많으니 차근차근 따라오셨으면 좋겠습니다.

어떤 블로그를 운영해야 할까요?

우선 블로그를 한다고 마음을 먹었다면 어떤 블로그를 운영할지를 고민해 보아야 합니다. 저는 글의 종류에 따라 네 가지로 분류합니다. 리뷰형 블로그, 수익형 블로그, 칼럼형 블로그, 일기형 블로그.

먼저 리뷰형 블로그는 우리가 가장 흔하게 마주치는, 많이 볼 수 있는 블로그 유형으로 맛집부터 책, 영화, 드라마, 전자제품, 자동차 등을 이용, 시청, 사용하며 경험했던 것을 바탕으로 글을 써 나갑니다. 누구나 하루에 세 번은 밥을 먹고, 콘텐츠를 한 편 이상 소비하며, 카페든, 편의점이든, 마트든, 시장이든 물건이나 제품을 구입합니다. 이러한 것들을 글로 남는 겁니다. 평소에 제품을 사기 전에 제품 리뷰를 찾아보고, 맛집에 가기 전에 리뷰를 찾아보듯 리뷰글에 대한 수요가 높기 때문에 방문자를 많이 유입시킬 수 있다는 장점이 있습니다. 다만 그만큼 쉽게 쓸 수 있는 글의 주제, 유형이어서 경쟁자가 많다는 의미이기도 합니다.

수익형 블로그의 경우, 수익만을 위한 블로그로 오로지 방문자 수나 광고 단가만을 생각하며 글감을 모으고 그것에 맞추어 글을 쓰는 유형입니다. 방문자 수를 극대화하기 위해서는 이슈나 트렌드를 잘 따라가야 하는데요. 예를 들어, 개봉 예정 영화, 신상 카페, 방금 끝난 드라마 또는 예능 리뷰, 신제품 리뷰 등 따끈따끈한 이슈를 쫓아가는 방법이 있고, 한여름, 한겨울에 사람들이 많이 검색하는 것, 크리스마스, 명절 등 시기에 따라 매년 검색량이 높아지는 키워드를 시기에 맞추어 작성하는 방법이 있습니다.

칼럼형 블로그는 오랫동안 관심을 가지고 공부해 온 분야나 긴 시간 동안 경험해 온 것들을 전문성 있게 참고자료를 활용하거나 나만의 경험과 사색을 통해 깊이 있게 접근하여 글을 쓰는 유형을 말합니다. 예를 들어, 셀프 인테리어에 대해서 글을 쓸 때에 단순히 방법만을 나열하는 방식을 택한다면 리뷰형 글이 되겠지만, 내가 했던 실패와 성공담, 그 안에서 찾은 나만의 팁, 다른 방법과의 비교, 인테리어에 대한 나만의 창의적인 생각 등을 담는다면 칼럼형 블로그에 가깝다고 할 수 있습니다.

일기형 블로그는 쉽게 말해 내 생각을 정리하거나 경험을 나열하여 나의 기록 공간으로 활용하는 블로그를 뜻하며, 이는 사실 크게 추천하고 싶은 방향은 아니지만 글쓰기에 두려움을 가지고 있는 분들이나 시작이 막막한 분들은 가벼운 일기형 글을 쓰며 글 쓰는 습관을 들일 필요가 있습니다. 처음부터 완벽한 글을 쓸 수 있는 사람은 정말 소수이기에 평소 내가 하는 생각을 비공개 글로 편하게 작성하면서 내 생각을 생각에서 끝나지 않게, 글로 생산해 내는 연습을 하는 겁니다. 그렇게 시작한 블로그를 다른 유형의 블로그로 확장시켜 나갈 수도 있고, 아니면 내 일기가 누군가에게는 영감이 되어 예상하지 못했던 방향으로 확장이 될 수도 있습니다. 예를 들어, 육남매를 키워 낸 할머니께서 쓰신 육아일기와 치매 어머니를 모시며 있었던 일화들을 담담하게 풀어나간 이야기들이 책으로 출간된 걸 보면 일기형 블로그도 충분히 매력이 있다는 걸 알 수 있습니다.

이 네 가지 유형 중 하나를 선택하여 진득하게 써 나가는 방법도 있고, 네 가지 중 두 가지 이상을 섞어서 사용하는 방법, 처음엔 이것저것 다 써 보는 방법이 있습니다. 처음 블로그를 시작하는 거라면 가벼운 마음으로 다양하게 적어 보고, 글쓰기를 정말 제대로 하고 싶다면 유형을 줄여 나가셨으면 좋겠습니다.

블로그 주제 정하는 법

그럼 블로그 주제는 어떻게 정해야 할까요? 블로그에 글을 게재할 때에는 '발행' 버튼을 눌러야 하는데요. 발행 버튼을 누르면 내가 쓴 글의 주제를 설정하는 메뉴가 보입니다. 이 주제들은 네이버 측에서 블로그 글을 분류하는 기준으로 제시한 것으로 검색 수요를 반영한 내용이기에 이 안에서 주제를 찾으면 됩니다. 조금 더 인기 있는 주제로 시작해 보고 싶다면 네이버 인플루언서 주제를 확인할 수 있습니다. 도서 분야 인플루언서, 패션 분야 인플루언서처럼 인플루언서 앞에는 분야가 붙는데요. 이 분야들은 기존 발행 주제보다 더 인기가 많은, 사람들의 관심이 많은 주제이기 때문에 이 안에서 찾는 것도 하나의 방법입니다.

주제가 너무 다양하게 제시되어, 이 안에서 내가 쓸 만한 주제는 어떻게 찾으면 좋을지 고민하는 분들도 계실 겁니다. 핵심을 한 줄로 정리하면 '꾸준히 할 수 있는 주제'면 됩니다. 왜냐하면 블로그를 비롯한 공무원 N잡의 핵심은 콘텐츠 제작이고, 콘텐츠 제작으로 성공하기 위한 핵심은 '꾸준함'이기 때문입니다. 꾸준하게만 하면 누구나 성공할 수 있다고 확신합니다.

그럼 조금 더 구체적으로 알아보겠습니다. 우선 꾸준히 하기 위해선 이 다섯 가지를 생각해 보셨으면 합니다.

첫째, 지금 나의 관심사. 저는 최근에는 건강과 헬스에 관심이 많고, 해외축구, 드라마, 영화, 패션에 관심이 많은데 이런 관심 있는 주제라면 쓸 거리도 많고, 지속할 수 있겠다는 생각이 듭니다.

둘째, 내 생활과 밀접하게 관련이 있는 것. 매일 하는, 매일 가는, 매일 사용하는 것이 있다면 그것들을 적어 보는 겁니다. 저는 매일 카페에 가고, 매일 수업을 하고, 매일 책을 읽습니다. 그럼 커피나 수업 내용이나 책에 대해 글을 쓸 수 있겠죠?

셋째, 내가 경험할 때마다 즐거워하는 것. 제 친구는 캠핑을 좋아해서 캠핑 장비 소개나 장소 리뷰 등에 대해 글을 쓰고 있습니다. 또 여행을 즐겨 가는 지인은 여행기, 여행 장소, 여행에서 느낀 점들을 글로 남기고 있죠. 이렇게 평소 즐기는 것들로 글을 써도 좋습니다.

넷째, 사람들이 나에게 계속 묻는 것. 업무적인 내용이라고 생각하실 수도 있지만 그 외에도 평소 주변 지인들이 여러분에게 종종 물어보는 게 있을 수 있습니다. 제 지인은 부동산에 관심이 많아 단톡방에서 부동산 전문가로 불리고, 저는 유튜브 하는 게 알려져서 유튜브에 도전하는 친구들에게서 종종 연락이 옵니다. 이렇게 사람들이 나에게 묻는 것들을 글로 정리하면 전문성 있는 블로그로 성장시킬 수 있습니다.

다섯째, 나를 힘들게 하는 것. 이 부분은 저도 블로그를 공부하며 알게 된 내용인데, 나를 힘들게 하는 건 다른 사람들도 힘들어 한다는 걸 전제로 하고 있습니다. 그렇다면 '힘들지 않으려면 어떻게 해야 할까?'를 생각하고 찾아보고 공부하며 그걸 나만의 글로 정리하여 필요로 하는 사람들을 위해 공유하는 겁니다. 예를 들어, 경제적 어려움, 건강 문제, 외모 문제, 연애 고민 등 사람들이 힘들어하는 건 대부분 비슷하기 때문에 글의 수요가 상당할 것으로 예상됩니다.

이쯤에서 잠시 책 읽기를 멈추시고, 노트를 펼쳐 제가 말씀드린 주제 선정 기준에 맞게 자신만의 글감을 찾아보는 시간을 가져 보세요. 지금 노트를 펼친 분은 반드시 성공할 겁니다.

블로그 아이디와 프로필, 카테고리

우선 블로그 아이디는 만약 2017년 이전에 사용하던 게 있다면 그걸 활용하는 게 가장 좋습니다. 지인들과 함께 분석해 본 결과 그 시기에 개설해 둔 블로그가 상위노출이 훨씬 잘 된다는 걸 발견했습니다. 만약 운이 좋게 그런 블로그를 가지고 있다면, 그 블로그의 글이 잘 노출이 되는지 네이버에 검색을 해 보시고, 블로그 글이 따로 없다면 새롭게 글을 몇 편 작성해서 노출이 되는지 확인해 봐야 합니다.

만약 개설해 둔 블로그도 없고, 있긴 있는데 블로그 글이 노출되지 않는 죽은 블로그인 것 같다? 어쩔 수 없죠. 지금 개설해도 당연히 괜찮습니다! 저 역시도 2019년에 개설하고 그때부터 글을 써서 블로그를 키워 나갔으니 이 책을 읽으시는 분들도 모두 할 수 있습니다.

블로그를 시작하기로 마음먹었다면 이름을 정해야겠죠? 처음 블로그를 개설하면 '퇴근맨의 블로그'처럼 기본 설정이 됩니다. 이것만 피하면 좋겠습니다. 나의 글 주제, 콘셉트, 실력을 나타내는 이름이면 더욱 좋고요. 그에 어울리는 프로필과 자신의 취향과 타인의 취향을 함께 고려한 깔끔한 스킨을 설정해 주면 금상첨화겠죠?

우선 블로그 네이밍은 네 글자 이하의 발음하기 쉬운 이름으로 고민해 보면 좋겠습니다. 저는 처음에 책 리뷰를 적어 봐야겠다는 방향성을 정하고, 이름 짓는 데만 거의 두 시간 이상을 투자했습니다. 노트를 펴고 생각나는 대로 적어 보고, 책 리뷰를 하는 다른 블로거나 유튜버들의 아이디를 쭉 적고 나에게 맞게 수정도 해 봤습니다. 문제는 그렇게 정했는데도 블로그 운영하면서 몇 번이나 수정을 했습니다. 처음부터 모두에게 좋은 이름을 찾긴 쉽지 않겠지만 그래도 네이밍이 중요하다는 건 꼭 기억해야 합니다. 제가 가장 흥미롭게 본 네이밍은 헬스 선수인지 가수인지 모를 만큼 운동을 사랑하는 '짐종국' 님, 미국에서 실전 투자의 모든 것을 경험하고 온 '월가아재' 님, '후참잘'이라는 브랜드를 만들어 완벽하게 성공시키고 엑시트한 뒤, 자영업하는 분들을 위해 진정성 있게 컨설팅해 주시는 '장사의 신' 님처럼 의미까지 완벽하게 지은 분들입니다.

카테고리도 설정해야 합니다. 카테고리는 블로그 메뉴라고 생각하면 좋습니다. 여러분들이 배가 고파 식당에 간다고 생각해 봅시다. 그리고 오늘의 메뉴는 무조건 제육덮밥이죠. 여러분 앞에는 두 가게가 있습니다. 가지각색의 메뉴를 선보이는 OO천국과 제육덮밥 전문점! 어디를 선택하시겠습니까? 아마 후자이지 않을까 예상해 봅니다. 이것과 마찬가지로 네이버는 전문성 있는 블로그를 좋아하기 때문에 카테고리를 세 가지 내외로 설정해 주는 게 좋습니다. 추후 말씀드릴 상위노출 방법에서도 다시 설명하겠지만, 블로그의 전문성을 드러내기 위해 글의 분야를 세 개 이하로 가져가는 걸 추천합니다.

　블로그 스킨도 설정해 주어야 합니다. 블로그 내에서 제공하는 기본 툴을 활용하는 방법과 아예 홈페이지형 블로그를 제작하는 방법이 있습니다. 두 블로그 형태는 취향적인 면에서 선호도가 갈리지만, 홈페이지형 블로그는 자신의 전문성을 드러내어 강의나 컨설팅 등으로 확장하려고 할 때에 사용하면 좋고, 저처럼 일상부터 가벼운 리뷰까지 다채롭게 나의 포트폴리오를 쌓아 가겠다면 기본 스킨을 활용하시면 됩니다. 홈페이지형의 경우 html을 다뤄본 경험이 없는 분이시라면 홈페이지형 스킨을 제작해 주는 업체에 도움을 구하는 것이 더 현명한 선택이라고 생각합니다.

　'블로그 → 관리 → 꾸미기' 설정 메뉴를 통해 레이아웃을 설정할 수가 있습니다. 이것 역시 본인의 취향에 맞게 고르면 될 문제이나, 왼쪽 사이드바에 불필요한 내용을 넣어 조잡하게 만들기보다는 심플하게 내가 나누고자 하는 글을 공유하는 게 저는 더 좋다고 생각합니다. 또 오른쪽에 '글 영역'이라는 항목이 있습니다. '보통'으로 설정하면 가독성이 더 좋아지게 됩니다.

　또 '메뉴 관리' 항목에서는 페이지당 글을 한 개로 설정해야 합니다. 이는 블로그의 레벨, 점수를 높여 주는 페이지 뷰와 연관된 부분입니다. 쉽게 말해 블로그 방문자가 글 한 편만 읽고 나가지 않고 2페이지, 3페이지를 눌러 옮겨갈 때마다 점수를 준다고 생각하면 되는데, 페이지당 글을 세 개로 설정해 두면 세 개의 글을 다 읽어야 다음 페이지로 넘어갈 수 있겠죠? 그만큼 상대적으로 점수를 얻기 어려운 환경이라는 의미입니다.

또 글이 쌓여 있다면 그 메뉴를 클릭해 또 다른 글을 보고 싶어질 것이므로 '카테고리 옆에 글 개수 표시'도 체크하고, 주제 분류도 본인의 글 특성에 맞게 미리 설정하는 게 좋습니다. 이는 전문성 점수로 이어져 노출에 유리하다는 분석이 있습니다. 또 '목록 보기'의 경우 이 메뉴에서 쓴 글을 목록으로 미리 보여 줄 수 있는 예고편과 같은 부분이라고 생각하시면 되는데, '목록을 열어 5개 보기'로 설정하는 게 가장 무난합니다. 열 개 이상은 오히려 너무 많은 선택지가 제시되기 때문에 클릭하지 않을 확률이 높아집니다. 마지막으로 세 개의 큰 카테고리 안에 작은 카테고리들을 펼쳐 '저는 책 리뷰 전문가로 다양한 책들을 다루고 있습니다'라는 이미지를 쌓아 나갈 수 있습니다.

마지막으로 글을 편하게 쓰기 위한 설정을 몇 가지 소개하고 이번 내용을 마무리하려고 합니다. 글쓰기를 위해 기본 서체를 미리 설정해 두는 것이 좋습니다. 매번 글꼴을 바꾸는 것도 일이고, 또 같은 글꼴, 같은 크기로 블로그를 운영하는 것이 방문자가 한 번 방문해서 여러 개의 글을 읽을 때에도 불편함을 느끼지 않게 합니다.

'블로그 관리 → 기본설정 → 기본 정보 관리 → 기본 서체 설정'에서 글꼴 설정이 가능하며, 저의 경우 글자 크기는 16을, 글씨체는 이왕이면 고딕 스타일로 모두가 무난하게 읽기 좋은 글꼴을 선택하기를 추천합니다. 또 행간은 180~200% 정도로 설정해 주세요.

자, 이렇게 블로그의 주제부터 메뉴 설정 등 블로그의 기초를 공부해 보았는데요. 이번 챕터는 한 번 보고 익히기엔 쉽지 않으니 여러 번 반복하며, 또 중간 중간 멈춰 가며 기초를 탄탄하게 설정해 두고 시작하셨으면 좋겠습니다.

3] 블로그 글쓰기의 모든 것

블로그의 기본 설정이 끝났으니 이제는 핵심인 글쓰기에 대해서 이야기하려고 합니다. 학창 시절에 이미 다 배웠던 글쓰기 내용이기 때문에 쉽게 포기하지만 않는다면 누구나 블로그 글쓰기를 잘 해낼 수 있습니다. 특히 전혀 모르는 내용에 대해 적는 게 아니라 내가 경험한 것, 느낀 것, 생각한 것을 나누는 공간이기 때문에 조금 어색할 순 있지만 어렵진 않을 겁니다.

먼저 블로그 글쓰기를 위해 네이버 검색 시스템에 대해 공부를 할 필요가 있습니다. 블로그는 궁극적으로는 나와 타인을 연결 짓는 공간이기 때문에 검색이 어떻게 이루어지는지를 인지해야 내 글을 더 많은 사람에게 닿게 할 수 있습니다.

네이버의 검색 로직, 구조는 쉽게 말해 이렇게 생각하시면 됩니다. '네이버 안에 오래 머물게 하는 퀄리티 높은 글이 더 노출될 확률이 높다.' 네이버는 사용자들이 네이버라는 플랫폼 안에 오래 머물기를 바랍니다. 오래 머무를수록 더 많은 콘텐츠와 광고를 소비하고, 다른 사람들과 소통하며, 볼거리, 읽을 거리가 많아질 확률이 높아지기 때문입니다. 그렇기 때문에 높은 퀄리티의 글을 좋아합니다. 전문성 있고, 가독성 좋고, 내용도 참신하고, 꾸준하게 업로드 되는 블로그에 높은 점수를 부여해서 더 많은 방문자들이 방문하게 유도하고, 또 블로그 운영자는 그만큼 수익을 내고 양질의 글을 작성하게 하는 구조입니다.

이론적인 부분에 대해서도 간단히 설명하겠습니다. SEO(Search Engine Optimization)는 검색 엔진 최적화를 의미하는 단어로, 특정 검색어로 검색했을 때 내 글이 잘 검색되도록 최적화해야 한다는 의미입니다. 그러기 위해서 키워드, 링크, 콘텐츠라는 세 파트를 기억하셔야 합니다. 먼저 키워드를 잘 찾아 사람들이 검색하기 쉽게 제목과 본문에 잘 적어야 합니다. 링크는 사람들이 내 글을 여기저기, 많이 공유할수록 좋은 글로 인식한다는 의미입니다. 마지막으로 콘텐츠는 꾸준히 양질의 콘텐츠를 개발하는 걸 말합니다. 이 세 가지를 기억하며 글을 써나간다면 여러분의 블로그는 최적화 단계에 도달하게 되는 겁니다.

두 번째 블로그 지수는 네이버에서는 공식적으로 인정한 개념은 아니지만 블로그를 운영하는 대부분의 사람이 인정하는 것으로 쉽게 말해 블로그 점수, 레벨이라고 생각하면 됩니다. 기본 조건을 잘 지키면서 발행한 양질의 글을 기준으로 블로그의 점수를 높여 나간다는 개념입니다. 앞선 설명에서의 메뉴 설정 방법, 페이지당 글 개수 선정 방법 등이 이런 점수를 높이는 것 중 하나인 것이죠.

세 번째 C-rank는 'Context, Content, Chain'의 앞 글자를 딴 것으로 '한 분야의 글을 얼마나 오래 썼는가'를 주로 본다는 의미입니다. 이 로직은 전문적인 글에 점수를 높게 주어서 질 좋은 글을 네이버에 모을 수 있다는 장점이 있지만, 반대로 신규 진입자들은 정말 열심히 글을 써도 쉽게 노출이 되지 않는, 이미 자리 잡은 사람들의 세상으로 만들어 버리는 맹점을 가지고 있습니다.

네 번째는 다이아로직입니다. 다이아로직은 사실성, 독창성, 일관성, 가독성 있는 글을 선호하며, 사람들이 좋아하고 오래 읽는 글인지에 대해 판단하는 기준이라고 생각하시면 됩니다. C-rank의 단점을 보완하고자 나온 로직으로, 질 좋은 글을 꾸준히 써 나가는 새로 진입한 블로거들에게 상위노출의 기회를 주는 로직이라고 생각합니다.

다음으로 다이아+ 로직은 검색 결과를 첫 화면에서 바로 요약해서 확인할 수 있는 로직으로, 특정 키워드들에 한해서 검색을 하자마자 단계별로 정답을 보여 주는 방식으로 제공되고 있습니다. 이걸 '지식스니펫'이라고 부릅니다. 다이아로직 방식에 빠르고 정확하고 간결한 정보 제공까지 더해진 방식이라고 생각하면 됩니다.

마지막으로 스마트블록도 주목해야 합니다. 큰 범위의 포괄적인 검색어, 예를 들어 고양이를 검색했다고 하면 '고양이 츄르, 고양이 사진, 고양치 캣타워'처럼 더 구체적으로 검색을 도와주는 로직입니다. 네이버에서 한 번에 모든 걸 다루는 글, 여러 메시지를 담고 있는 글보다는 세부적으로 키워드를 잡고, 깊이 있게 다루는 글을 좋아한다고 생각하면 됩니다.

그렇다면 이런 검색 시스템, 로직을 통해서 우리가 알 수 있는 사실을 정리해 보겠습니다. 네이버는 한 분야의 전문가를 좋아하며, 네이버에서만 꾸준히 발행되는 글에 높은 점수를 주고, 퀄리티가 좋은 글을 블로거들에게 요구하고 있습니다. 그럼 글쓰기를 어떻게 하면 될까요? 네이버가 좋아하는 글을 적으면 됩니다.

네이버가 좋아하는 글을 쓰기 위해서 우리가 반드시 알아야 할 블로그 글쓰기 3대장이 있습니다. 바로 키워드, 제목, 첫 문단. 하나하나 자세히 파헤쳐 보도록 하겠습니다.

우선 키워드는 하나의 경험, 지식을 풀더라도 어떤 키워드를 중심으로 풀어 나갈지에 대한 부분입니다. 예를 들어 여러분이 블로그를 이제 막 시작했는데, 마침 〈범죄도시 3〉라는 영화를 보고 리뷰 글을 작성하기로 했다고 가정해 봅시다. 어떤 키워드를 중심으로 글을 쓰는 게 좋을까요? 잠시 책 읽기를 멈추시고 생각해 보셨으면 좋겠습니다.

아마 많은 분들이 〈범죄도시 3〉 후기, 〈범죄도시 3〉 줄거리, 마동석과 범죄도시 정도를 떠올리실 거라고 생각해요. 하지만 혼자 생각하는 것보다 도구를 활용하시는 게 좋습니다. 저는 '웨어이즈포스트'라는 사이트의 '키워드 마스터'라는 메뉴를 주로 활용하는데, 여러분이 선택한 키워드가 사람들이 얼마나 많이 검색을 하는지, 그 키워드로 블로그 글이 몇 개가 발행되었는지를 보여 주는 툴입니다.

저는 이 툴을 활용해서 '범죄도시 3'라는 검색어는 조회 수가 굉장히 많지만, 경쟁해야 할 문서 수도 어마어마하게 많다는 사실을 확인할 수 있었습니다. 그때 키워드 마스터에서 제공해 주는 연관검색어에 '범죄 도시 3 초롱이'라는 키워드를 발견할 수 있었습니다. 그 키워드를 확인해 보니 조회 수도 높은데 문서 수는 굉장히 적은, 내 글을 사람들에게 알리기 좋은 키워드라는 걸 알게 되었습니다. 사람마다 기준이 다르지만 저는 조회 수 1,000회 이상, 문서 수 1,000건 내외의 키워드라면 정말 좋은 키워드라고 생각합니다.

여러분은 블로그 지수가 굉장히 낮은 블로거이기 때문에 문서 수가 많은 키워드를 아무리 열심히 써도 사람들에게 글 노출이 되지 않습니다. 글 노출이 되지 않으면 블로그 지수는 오르지 않기 때문에 내 글이 사람들에게 노출되는 건 사막에서 바늘을 찾을 확률과 비슷합니다. 그래서 조회 수가 100 정도밖에 되지 않는 키워드라고 하더라도, 문서 수가 100에서 1,000건 사이라면 그런 경쟁률 약한 키워드로 글을 써서 사람들에게 노출을 시켜야 합니다. 그렇게 꾸준히 노출이 되다 보면 눈으로 보이진 않지만 여러분의 블로그 지수는 올라가게 되고, 그 이후에 조금 더 경쟁률이 높은 키워드들을 공략해 나가는 겁니다.

그럼 경쟁률 좋은 키워드를 어떻게 찾아야 할까요? 이런 키워드를 처음부터 떠올리긴 쉽지 않기 때문에 앞서 말씀드린 것처럼 검색포털의 연관검색어나 자동완성 기능을 활용하면 좋습니다. 또 여러 키워드를 조합해 보는 방법도 있습니다. 예를 들어, '클래스101'이라는 키워드를 하나 쓰는 것보다는 클래스101에 '월간 구독'이라는 두 단어를 조합해 '클래스101 월간 구독'이라는 키워드를 잡을 수 있습니다. 또 벤치마킹을 하는 방법도 있습니다. 여러분이 선택한 블로그 주제와 비슷한 결의 블로거분들이 어떤 주제로 글을 쓰는지 보고 그 키워드들을 모아 두는 겁니다. 똑같이 베끼는 게 아니라 키워드를 수집하고 여러분만의 경험과 지식으로 글을 써 나가면 됩니다. 만약 이게 귀찮다면 월간 구독료를 내고 경쟁률 좋은 키워드를 제공해 주는 사이트를 이용하서도 무방하지만 우선 직접 키워드를 찾는 노력을 해 보길 권합니다. 그런 노력들이 유튜브 섬네일을 만들 때도, 책을 쓸 때도, 강의 홍보를 할 때도 다 도움이 되기 때문입니다.

다음은 제목입니다. 제목은 앞에서 소개한 키워드를 활용하는 방법입니다. 여러분이 선택한 가장 좋은 키워드를 핵심 키워드라고 부르겠습니다. 이 핵심 키워드를 글 제목 가장 앞쪽에 배치해야 합니다. 그리고 그것 외의 추가적인 키워드가 있다면 핵심 키워드 뒤에 작성 후에 글의 설명을 더 세부적으로 적어 주면 됩니다. 예를 들어 내가 선택한 건 클래스101 월간 구독이지만, 연간 구독을 검색하는 분들도 있겠죠? 그럼 제목을 '클래스101 월간 구독, 연간 구독 직접 사용해 본 내돈내산 후기'와 같은 식으로 제목을 짓는 겁니다. 글자 수는 20자 내외로 작성해야 사람들이 쉽게 이해하고 클릭을 하게 되니 너무 길게 쓰지 않았으면 좋겠습니다.

제목에 핵심 키워드를 쓴다고 무조건 상위노출이 되지는 않습니다. 알고리즘은 다양한 기준으로 블로그 글을 평가하기 때문에 우리는 이

키워드를 본문에도 다섯 번 이상 적어야 합니다. 예를 들어, 저는 교육 공무원들이라면 누구나 알 만한 'GPKI(행정전자서명)'라는 키워드를 가지고 글을 쓴 적이 있습니다. 조회 수에 비해 문서 수가 적어 좋은 키워드라고 판단했고, 제목의 맨 앞쪽 그리고 본문에 다섯 번 이상 GPKI라는 단어를 작성하였습니다. 이때는 글의 흐름에 맞게 자연스럽게 키워드를 넣어 주면 됩니다. 무분별하게 열 번 이상 기계적으로 반복하는 것은 오히려 광고글로 판단될 가능성이 있어 마이너스 요소이니 참고해 주세요.

여기까지 키워드와 제목의 관계에 관한 설명이었고, 매력적인 제목을 짓는 방법에 대해서도 말씀을 드리고 넘어가려고 합니다.

첫째는 숫자가 들어간 제목이면 좋습니다. '30대 공무원을 위한 확실한 부업 아이템 다섯 가지'처럼 이 글을 보면 좋을 나이대와 구체적인 가짓수를 적어 주면 클릭하고 싶은 마음이 더 생기게 되죠.

둘째는 새로운 사실이 들어간 제목이면 좋습니다. 예를 들어 '비타민 C, 이렇게 먹으면 큰일 납니다'처럼, 평소 건강보조제에 관심 있는 분들이 혹할 만한 제목이죠.

셋째는 '이것', '그것'처럼 퀴즈 형식으로 궁금증을 유발하는 제목도 인기 있습니다. '이 자세가 안 되면 목 디스크일 수 있습니다'와 같이 당장 클릭해서 어떤 자세인지 확인하고 싶은 욕구가 들게 하면 좋습니다.

넷째는 '부정적, 단정적' 표현이 들어간 제목에 사람들은 흥미를 느낍니다. '헬스, 이렇게 하면 근손실이 생깁니다.' 헬스를 하는 사람들에게 근손실은 치명적인 단어이기 때문에 일부러 이 표현을 활용한 거죠.

마지막으로 시간과 경험을 압축한 제목이면 좋습니다. '1년 동안 주식 책 100권 읽으며 찾은 투자 전략'처럼 주식 투자를 하는 사람들이 본인의 시간을 아끼고, 다른 사람들의 압축된 경험담을 듣고 싶어 하는 마음을 제목으로 적어본 겁니다.

3대장의 마지막은 첫 문단인데요. 글이든 영상을 포함한 모든 콘텐츠는 앞부분의 임팩트가 필수적입니다. 대부분 첫 문단에서 이 글을 끝까지 읽을 것이냐, 말 것이냐 판가름이 납니다.

첫 문단에 꼭 들어가야 할 것은 '동기 부여'입니다. 이 글을 대체 왜 읽어야 하는지를 설득할 수 있어야 합니다. 설득이라고 해서 바짓가랑이를 잡으라는 의미는 아닙니다. 단지 이 글을 클릭한 사람이 어떤 고민을 가지고 들어왔을지, 이 글을 다 읽으면 어떤 이득이나 도움을 받아갈 수 있는지 한 번만 생각해 보고 글을 쓰면 됩니다. 또 만약 전문성을 입증해야 하는 글이라면 여러분이 전문가라는 걸 드러낼 수 있는 경력이나 포트폴리오를 글로 또는 사진에 담아 소개하면 됩니다.

조금 더 구체적으로 첫 문단에서 글의 결론을 요약해서 적어 주거나, 궁금증을 유발하는 문구를 적거나, 아니면 글을 읽는 이의 문제가 해결될 것이라는 암시를 주면 됩니다.

제가 직접 작성했던 글을 확인해 보세요.

evpn 경기도교육청 나이스 원격업무 주소 및 사용 방법

골목책방 2020. 9. 11. 9:10   URL 복사   + 이웃추가   ⋮

사회적 거리두기, 주말, 방학 중 근무 등 여러 이유로 **재택 근무를 해야할 때**가 있습니다. 그때 **evpn 원격업무지원서비스를** 이용해야 합니다. 무턱대고 사이트에 들어간다고 무조건 활용할 수 있는 게 아니고 사전에 evpn 승인을 받고 교육부 인증서가 있어야 합니다. (인증서 복사하는 법)

오늘은 *evpn 경기도교육청 나이스 원격업무 주소와 사용 방법*에 대해서 알아보겠습니다. 서울시교육청과 인천시교육청, 강원도교육청 등 타도시 evpn 주소도 함께 소개해볼게요.

재택근무를 할 때 반드시 활용해야 하고, 사전에 승인을 받아야 한다는 정보를 제공, 주소와 방법에 대해 알아갈 수 있다고 암시, 다양한 지역의 정보도 함께 주겠다는 전문성 확보. 이 글을 읽는 사람들이 얻어 갔으면 하는 정보들을 일부러 의도해서 적어 나간 부분입니다.

이번에는 '인기 있는 글의 특징'에 대해서 정리를 해 보겠습니다. 아주 중요한 부분이니 집중해 주세요. 먼저 블로그 글은 책처럼 오래 두고 읽을 글이 아니라 빠르게 소비되어야 할 글이므로 빠르게 잘 읽히는 글을 쓰면 됩니다. 학창시절 배운 것처럼 서론, 본론, 결론의 형식으로 간결하게 정리하는 겁니다. 우선 제목과 섬네일로 사람들의 흥미를 자극하고 클릭을 유발시켰다면 도입부에서는 기대감을 제시하고, 글의 목적이나 이유를 밝히고, 원하는 정보가 여기 있다고 알려야 합니다.

그리고 본문에서는 도입부에서 이야기했던 내용을 알차게 정리해서 제공해야 합니다. 마지막으로 결론은 본문을 요약해서 한 번 더 설명하며 마무리하면 됩니다. 이러한 글쓰기 방법은 초등학생들도 배우고 활용하는 방법입니다. 정말 기초가 가장 중요합니다.

또 단순 정보성 글이 아닌 나의 전문성을 드러내는 글을 쓰고 싶다면 다음과 같은 순서로 글을 쓰면 됩니다.

경력 소개 → 공감대 찾기 → 포트폴리오 소개 →
해결방안 제시 → 추가 자료 제공

예를 들어 제가 글을 쓴다면 아래와 같을 겁니다.

"저는 10년 차 초등교사 OOO입니다. '우리 아이가 왜 이렇게 스마트폰을 많이 할까?' 고민 많이 되시죠. 학부모 상담 때마다 이런 고민들 정말 많이 듣는데요. 저는 교육상담을 전공으로 한 교사이기도 하고, 이러한 상담 사례를 다양하게 경험하며 해결한 경험이 있습니다. 이러한 학생들은 이렇게 저렇게 지도해야 합니다. 그리고 또 다른 고민들도 제가 해결 방안을 작성해 두었으니 관심 있는 학부모님들은 더 읽어 보세요."

블로그에 글을 쓰실 때에는 다음과 같은 원칙들도 지키면 좋겠습니다. 단순하게 글쓰기, 공감을 살린 글쓰기, 오감을 살린 글쓰기, 스토리텔링 넣기. '완벽한 문장이란 더 이상 뺄 것이 없는 상태를 말한다'라는 말이 있습니다. 단순하게 쓰기를 방법론적으로 접근하면 '초등학생이 읽어도 이해할 만한 글인가?'를 생각하며 하나의 주제를 쉽게 설명하려고 노력하면서 써야 한다는 이야기입니다.

그리고 공감을 살린 글쓰기는 사람들의 감성을 자극해야 한다는 의미입니다. 사람들은 이성적인 것보다 감성적인 것에 끌리는 경향이 있기 때문에 그들이 무엇을 걱정하고, 고민했을지 생각하고 그걸 건드려 주는 겁니다. 오감을 살린 글쓰기는 저도 여전히 어려운 부분인데, 예를 들어 '맛있는 수박'이라고 소개하기보다는 '속이 새빨갛고 아삭아삭 씹히는 시원한 수박'이라고 감각을 자극하는 표현을 써야 한다는 겁니다.

마지막으로 스토리텔링이란 여러분의 글을 마치 이야기를 읽듯 스토리 형식으로 풀어내면 좋다는 겁니다. 상당히 어렵습니다. 그래도 노력은 해 봐야겠죠? 친구에게 대화하듯 적어 보는 방법이 있고, 아니면 다 적고 나서 소리 내어 읽어 보며 수정하는 방법을 활용해 보세요. 이걸 마스터하면 유튜브를 운영할 때에도 정말 큰 도움이 됩니다.

정리를 해 볼까요? 블로그 글쓰기의 기본형은 첫째, 서두에 글의 목적, 이유, 독자가 얻을 이득을 쓰는 것. 둘째, 독자가 상상할 수 있고 눈에 보이도록 설명할 것. 셋째, 공부한 내용이나 경험한 내용을 토대로 정확한 정보를 알려 줄 것. 넷째, 선명하고 간결한 표현을 쓸 것. 다섯째, 대화하듯이 쓸 것. 마지막으로 이 내용은 방법론적인 것일 뿐이니 머릿속에 담아 두고 그 안에서 내가 적용할 수 있는 것들만 차근차근 적용해 나가자는 것입니다.

블로그 글쓰기와 관련된 전반적인 내용들을 살펴보았는데요. 이번 내용도 한 번에 습득할 수 있는 부분은 아니니 꼭 몇 번 반복해서 읽어 보면서 정리하셨으면 좋겠습니다.

4) 똑똑한 블로거가 되는 방법

블로그에 대해 감이 좀 잡히셨나요? 이번에는 블로그 생활을 도와줄 다양한 도구들을 소개하고, 상위노출에 대해 정리하려고 합니다. 지금 알려드리는 도구 중 독자분들에게 필요한 것들을 생각해 보고 몇 번만 활용해 본다면 더 효율적인 블로그 생활을 해 나갈 수 있을 겁니다.

먼저 블로그 내의 기본 도구들을 살펴보겠습니다. 이것만 잘 활용해도 블로그 운영의 효율이 달라집니다.

블로그 글쓰기 기본 도구

글쓰기 화면을 먼저 보면 위에 여러 도구들이 나옵니다. 스티커와 인용구, 구분선은 가독성을 높여 주고, 읽는 지루함을 해소해 주는 요소이기 때문에 글의 중간중간 넣어 주면 좋습니다. 과유불급이라고, 너무 남발하진 마시고요. 또 모바일과 PC로 보는 블로그 글에는 차이가 있는데요. 화면 오른쪽 아래에 모니터 모양을 누르면 내가 쓴 글이 모바일로 봤을 때와 PC로 봤을 때 어떻게 보이는지 확인할 수 있으니, 내가 선택한 키워드가 모바일에서 검색이 많이 되면 모바일로 설정 후 글을 쓰고, PC에서 검색이 많이 된다면 PC로 설정 후 글을 쓰면 됩니다.

글을 다 작성한 이후에는 맞춤법 도구를 활용하여 오타나 맞춤법 실수를 교정할 수 있습니다. 또 '나는 글쓰기 예시가 있으면 좋겠다' 하는 분들을 위한 템플릿도 준비가 되어 있습니다. 글쓰기 화면에서 오른쪽 위의 템플릿을 눌러 보면 여행, 리뷰 등 사람들이 많이 쓰는 주제에 대해 어떤 식으로 글을 쓰면 좋을지 예시 템플릿을 확인할 수 있습니다. 또 나만의 글 양식을 저장해 두고 싶다면 내 템플릿에 현재 글을 추가하여 두고두고 활용할 수도 있습니다.

사진 관련 도구

블로그는 글과 사진으로 승부를 보는 플랫폼이기 때문에 사진에 대한 부분도 짚고 넘어가겠습니다. 우선 사진과 영상은 있으면 무조건 넣어주는 게 좋습니다. 누구나 인터넷에서 다운받을 수 있는 사진보다는 본인이 직접 찍은 사진을 최소 세 장 이상 넣으면 좋습니다. 인터넷 사진을 활용하면 저작권 문제도 있고 '저작권 프리' 사진을 넣더라도 동일 문서로 인식되어 블로그 지수에 마이너스 요소가 될 수 있습니다. 이를 방지하기 위해 최소한 사진 제목을 바꾸거나, 그림 도구를 활용해 나만의 방식으로 꾸미는 것도 하나의 방법입니다.

특히 섬네일로 활용할 대표 사진은 1:1 비율의 정방형 사진이 좋습니다. 글을 넣고 싶다면 글의 중간 부분에 넣어야 PC나 모바일에서 봤을 때 잘리지 않습니다. 저는 이런 사진 편집을 할 때에 두 가지 툴을 활용

합니다. 하나는 기본 '스마트에디터 원(ONE)', 다른 하나는 '미리캔버스'
입니다.

　사진의 크기를 조절하거나 일부분을 잘라낼 때, 모자이크, 액자 설
정은 네이버 블로그의 기본 편집툴인 스마트에디터 원이 편하고, 사진
을 아예 손봐야 할 때나 섬네일을 제작하고 싶을 땐 미리캔버스라는 사
이트를 활용합니다. 미리캔버스는 무료 버전만 활용해도 다양한 디자
인을 활용할 수 있고, 내 자료들을 모아 둘 수 있는 아카이빙 기능도 있
어서 꼭 한번 활용해 보셨으면 합니다.

키워드 도구

앞 챕터에서 소개한 키워드마스터 외에도 네이버 검색 광고에서도 문
서 수와 조회 수를 확인할 수 있습니다. 네이버에서 직접 운영하는 채
널이니 신뢰도가 더 높겠죠? 또 스마트폰으로도 키워드를 바로바로 확
인할 수 있는 카카오 채널이 있습니다. 'M-자비스'라는 툴인데, 키워드
검색량뿐만 아니라 광고 단가까지도 알려 주는 툴로 몇몇 특수기호만
외워두면 손쉽게 내가 원하는 키워드 정보를 확인할 수 있습니다. 마지
막으로 키워드 마스터와 비슷한 '블랙키위'도 블로거들이 많이 활용하
는 사이트이니 본인이 다루기 쉬운 곳을 이용하면 되겠습니다.

메모 도구

글감을 기록하거나 키워드를 수집할 때 활용할 수 있는 도구들을 소개해 드리겠습니다. 먼저 가장 접근하기 쉬운 카카오톡 '나와의 대화'입니다. 내 프로필을 누르면 나와 대화하기 창을 열 수 있습니다. 그곳에 내가 블로그 글로 남기고자 하는 내용이나 키워드를 써 놓는 겁니다. 바로바로 입력할 수 있고, 검색 기능을 통해 쉽게 찾을 수 있다는 장점이 있습니다. 보통 저는 원하는 내용을 남기고 마지막에 블로그도 함께 입력해서 '블로그'로 검색하면 내가 글을 쓰고 싶은 키워드를 찾아볼 수 있게 미리 준비해 두는 편입니다.

또 블로그 글쓰기 창의 임시저장 버튼을 활용할 수 있습니다. 블로그 지수 알고리즘은 글이 블로그 창에서 실제로 쓰인 글인지 시간을 체크합니다. 다른 곳에 기록하고 붙여넣기 후 발행하는 것보다 네이버 블로그 내에서 기록 후 완성되지 않았으면 임시저장 버튼을 활용하는 게 훨씬 유리합니다.

마지막으로 노트 프로그램을 활용할 수 있는데, 업무적으로 활용하고 있는 노트 프로그램들이 있다면 그곳에 자료를 모으는 것도 좋습니다. 교육공무원의 경우 '노션(Notion)'을 무료로 활용할 수 있기 때문에 노션을 사용하길 추천하고, 다른 직의 공무원분들도 무료로 지원되는 노트 프로그램이 있는지 꼭 확인해 보셨으면 합니다.

블로그 운영 효율 열 배 올려 주는 사이트와 프로그램

이번에는 제가 직접 활용하고 있는 효율성 도구들을 소개하겠습니다. 우선 사진 속 인물만 남겨두고 배경을 깔끔하게 제거해 주는, 일명 '누끼'를 따주는 사이트. 둘째로 사진의 용량을 줄여 주는 사이트, 셋째는 저작권 걱정 없는 사진이 필요할 때 활용하는 사이트. 넷째는 화면 전체를 캡처할 수 있는 도구, 다섯째는 자동으로 글자 수를 세는 도구입니다. 직접 한번씩 활용해 보며 필요한 것들만 사용하는 방법을 추천합니다.

누끼 따기	remove.bg
사진 용량 줄이기	tinypng.com
저작권 걱정 없는 사진	Unsplash
캡처 도구	윈도우키 +shift +S
화면 전체 캡처	Full page screen capture
자동 글자 수 세기	엔서포터
섬네일	미리캔버스

인적 자원

도구뿐만 아니라 인적 자원도 활용할 수 있습니다. 다시 말해 다른 블로거들에게서 배워야 한다는 것입니다. 에를 들어 내가 쓰고자 하는 주제가 책이라면 책과 관련된 블로거들을 고수, 중수, 초보자로 나눠서 기록해 두세요.

그리고 그분들을 나의 멘토이자 동료이자 경쟁자로 활용하는 겁니다. 먼저 고수분들은 멘토입니다. 어떻게 글을 풀어 나가는지, 사진은 어떻게 찍는지, 블로그 운영은 어떻게 하는지 팔로우하며 배워야 합니다.

그리고 중수분들은 키워드를 잘 활용하는 분들이기 때문에 나의 동료로 생각하고 그분들이 사용하는 키워드를 열심히 수집합니다. 키워드만 확인하는 것이지 콘텐츠를 베끼라는 게 절대 아닙니다. 키워드를 확인했으면 내 생각과 경험, 지식을 담아서 글을 써 나가면 됩니다.

마지막으로 초보자들은 경쟁자로 생각하고, 글을 쓰기 싫을 때마다 블로그에 들어가 보는 겁니다. '이 사람 오늘도 글 썼어? 그럼 나도 안 쓸 수 없지'라는 생각이 들 수 있게 블로그 운영에 열정이 있는 초보 블로거들을 찾으면 더 좋습니다.

상위노출

먼저 앞부분에서 말씀드린 것처럼 블로그에 쓰는 글은 타인에게 알리고자 하는 목적을 가지고 있고, 내 글이 노출될수록 블로그 지수도 올라가기 때문에 상위노출이 되면 정말 좋습니다. 검색을 했을 때 가장 위에 있는 글을 선택할 확률이 가장 높기 때문이죠.

그럼 어떻게 해야 내 글이 상위노출될 수 있을까요? 정답은 간단합니다. 네이버가 좋아하는 글을 쓰면 됩니다. 앞서 말씀드린 내용들을 그대로 적용해서 글을 쓰면 됩니다. 다시 한번 정리해 보겠습니다.

첫째, 나의 블로그 지수에 맞는 키워드를 찾아야 합니다.
둘째, 키워드를 제목 앞쪽에 그리고 본문에 다섯 번 이상 작성합니다.
셋째, 제목은 사람들이 클릭할 만한 내용으로 작성합니다.
넷째, 사람들이 오래 볼 수 있도록 글의 첫 문단을 써야 합니다.
다섯째, 사진은 직접 찍은 사진으로 세 장 이상 넣으면 좋습니다.
여섯째, 글은 블로그에서 직접 써야 합니다.
일곱째, 글은 최소 1,000자 이상 작성하려고 노력합니다.
여덟째, 글을 꾸준히 발행해야 합니다.

블로그를 하며 달라진 것들

사실 수익이라는 목적으로 시작한 블로그이긴 하지만, 실제로 블로그 글쓰기는 수익보다 더 많은 이점이 있는 활동입니다. 글쓰기 실력이 좋아지는 것은 당연한 것이고, 글을 쓰기 위해 자료 조사를 하고, 생각 정리를 하다 보니 어떤 일이든 논리 있게 생각하고 말하게 됩니다. 또 스쳐 지나갈 수 있는 일상 속에서 유의미한 내용들을 발견하는 기쁨도 누릴 수 있습니다. 많지는 않지만 소중한 부수익도 얻을 수 있고, 글쓰기라는 기본적인 생산 활동을 통해서 또 다른 생산 활동에 도전해 보고자 하는 확장 욕구가 생깁니다. 그리고 블로그를 운영하며 쌓인 실행력들이 다른 영역에도 적용이 되죠. 게다가 블로그는 마케팅의 기초를 몸소 익힐 수 있는 공간이기도 하고, 함께 블로그를 운영하는 이들에게 자극도 받고, 서로 의견도 공유하며 생산적이고 발전적인 관계도 맺게 됩니다.

이렇게 좋은 블로그 글쓰기, 제가 아는 건 다 알려 드렸습니다. 막막하고 어렵게 느껴질 수 있지만 가장 중요한 건 글을 쓰는 행위를 시작하는 것이라 생각합니다. 저의 노하우들을 처음부터 완벽하게 적용하려고 애쓰지 마시고, 우선 여러분들 마음속에 있는 생각이나 지식, 또는 오늘, 어제 경험한 것들을 편하게 작성해 보세요. 시작이 반이라는 말을 여러 경험을 통해 이제는 완벽히 신뢰하고 있는데, 여러분도 시작의 기적을 꼭 맛보셨으면 좋겠습니다.

5] 블로그 글쓰기 체크리스트

수많은 블로그 운영 관련 글, 영상, 강의를 듣고 또 직접 블로그를 운영하며 유의미하다고 생각되는 것들을 체크리스트로 제작해 보았습니다. 이 내용을 무조건 다 포함해서 글을 써야 한다는 의미는 아닙니다. 하지만 도대체 어떻게 글을 써야 할지 감이 안 오는 초보자에게는 큰 도움이 될 거라고 생각합니다. 참고하면서 자신만의 특색 있는 글을 쌓아나가셨으면 좋겠습니다.

시기	핵심	체크 사항	실행 여부
포스팅 전	주제	주제가 지금 시기에 적절한가? (행사 참여 또는 여행의 경우)	
		키워드 마스터에서 문서 수 확인했는가? (초반엔 경쟁률 낮은 것으로)	
	제목	제목에 '어디서, 무엇을' 들어갔는가?	
		키워드를 네이버 검색창에 적어 연관검색어를 확인했는가?	
		핵심 키워드 한 개와 세부 키워드 두 개를 넣었는가?	
포스팅 중	내용	직접 경험한 내용을 적었는가?	
		핵심 키워드를 다섯 번 이상 언급했는가?	
		세부 키워드를 한 번 이상 언급했는가?	
		최대한 쉽게 적었는가?	
		제목과 맥락에 맞지 않는 부분은 없는가?	
		1,500자 이상의 글자 수를 채웠는가?	
		15~16포인트, 왼쪽 정렬, 인용구 세 개를 넣었는가?	
		태그, 이모티콘, 스티커를 사용하지 않았는가?	
		복사, 붙여넣기하지 않았는가?	
		전화번호와 같은 개인정보가 포함되어 있지 않은가?	
	사진	본인이 찍은 사진으로 세 장 이상 넣었는가?	
		사진의 수평과 수직은 잘 맞추어져 있는가?	
		사진의 옆트임을 했는가?	
		사진에 스토리텔링을 적절하게 넣었는가?	
	영상	동영상을 넣었는가?	
포스팅 후	이웃	댓글을 스무 군데 이상 적었는가?	
		글 발행 후 한 시간 이내에 달린 댓글에 모두 답글을 달았는가?	

인터뷰이: **박OO / 30대 / 공무원**
'교직탈출'을 주제로 블로그 활동을 하며 나눔연수, 투자 진행. 현재 의원면직.
정OO / 30대 / 공무원
블로그 활동을 기반으로 책 출판 및 컨설팅 활동. '2023 이달의 블로그' 선정.

Q1. 블로그를 시작하게 된 계기가 있나요?

▶ 교사의 삶에 회의를 느끼고 학교 탈출을 꿈꾸는 교사들이 늘어나고 있습니다. 그러나 이를 실행하기는 쉽지 않아요. 두렵기 때문이죠. 학교를 떠날 준비를 조금 먼저 시작한 사람으로서, 블로그를 통해 나의 탈출 과정을 공유하여 다른 교사들의 도전을 자극하고 응원하고 싶었습니다. 동시에 학교 탈출을 준비하면서도 교사로서 성장할 수 있음을 증명하고 싶었어요.

▶ 시험을 준비하면서 굉장히 많은 어려움을 겪었습니다. 열심히 하긴 했지만, 잘하지는 못했거든요. 능력 부족과 정보 부족을 뼈저리게 느꼈어요. 상당 부분 학원에 의존하는 형태이고, 합격한 선배에게 물어봐야 하는 상황이었는데 둘 다 쉬운 상황은 아니었습니다. 다행히도 두 번의 시험 끝에 합격했고, 주변 사람들에게 조금이나마 도움

이 되었으면 하는 마음으로 시작하게 된 것이 블로그였습니다. 많은 양의 정보를 적고, 주기적으로 올리려고 하니 블로그가 가장 잘 맞겠다는 생각이 들었어요. 그전부터 막연하게 하고 싶다는 생각이 들기도 했었고요. 그렇게 블로그에 글이 조금씩 쌓여 결국 책까지 쓰게 된 것 같습니다.

Q2. 발전이나 수익, 브랜딩 측면에서 만족하나요?

▶ 블로그에 글을 쓸 때마다 신기한 경험을 합니다. 글을 쓰면서 창의적인 아이디어가 떠오르기도 하고, 어떤 대상에 대한 복잡한 생각들이 깔끔하게 정리되기도 해요. 이것저것 닥치는 대로 열심히 했던 과거와 달리, 블로그를 운영하기 시작하면서 보다 선택과 집중을 할 수 있게 된 거죠. 사실 수익적으로는 생계에 큰 도움이 되지 않습니다. 다만, 제 퍼스널 브랜드를 알리는 데에는 큰 도움이 되었다고 생각합니다. 블로그 자체의 수익은 크지 않지만, 브랜딩을 통해 강의나 칼럼 기고 등 여러 수익 창출의 기회가 생겼습니다.

▶ 다방면에서 굉장히 만족하고 있습니다. 처음에는 이렇게 커질 줄 몰랐는데 블로그 방문자 수가 증가하고, 글이 많아지다 보니 이런저런 기회가 많이 생기더라고요. 수익에 대해서 가장 많이 궁금해하실 것 같은데요. 우선 네이버에서 지원하는 네이버 애드포스트 수익은 그리 크지 않습니다. 노력한 시간에 비해서 얻어지는 것이 그리 많지

는 않아요. 다행히 날이 갈수록 수익이 올라 이제는 치킨 두 마리 정도 먹을 수 있어요. 소소하게 나쁘지 않아요.

꼭 수익이 아니더라도 얻을 수 있는 것이 많습니다. 거의 매일 글쓰기를 하고 있는데요. 발행은 하지 않더라도 원고를 사전에 작성해 두기도 해요. 그러다 보니 자연스럽게 글쓰기 실력이 조금씩 늘더라고요. 글의 수준도 조금씩 올라가는 것 같습니다. 그리고 좀 더 보기 좋은 글을 위해서 사진 편집이나, 컴퓨터 프로그래밍 등 다양한 공부를 하게 되는 효과도 있고요.

좋은 사람들도 많이 만나게 되었습니다. 블로그는 사실 SNS에 비해서는 사람들 간의 교류가 그렇게 많다고 보기는 어렵습니다. 하지만 좀 더 밀접한 관계를 유지할 수도 있고, 비슷한 주제나, 생각을 하는 사람들과 인연을 많이 맺을 수 있었던 것 같습니다.

Q3. 블로그를 하면서 좋은 점이 있다면?

▶ 각자의 분야에서 성장하고 있는 사람들과의 네트워킹이 최고의 장점입니다. 매일 성장하는 사람들과 함께하며, 서로에게 긍정적인 영향을 주고받을 수 있어요. 그 속에 많은 기회가 숨어 있죠.

▶ 블로그를 하다 보니 더 많은 기회로 이어졌습니다. 저는 주로 시험과 업무에 관련된 내용을 쓰고 있습니다. 그래서 수험생을 위한 원고를 작성해서 원고료를 받은 적도 있고, 온라인으로 교육을 받는

연수원에서 원고를 작성해 원고료를 받기도 했습니다. 블로그가 어느 정도 커져서 책을 출간하게 된 것도 좋은 기회였습니다. 물론 책은 그렇게 돈이 많이 되지는 않아요.

Q4. 블로그를 하면서 아쉬운 점이 있다면?

▶ 없습니다. 모든 면에서 나아질 수 있는 기회라고 생각합니다.

▶ 아마 블로거라면 대부분 '수익'을 떠올릴 겁니다. 구글 애드센스를 기반으로 하는 유튜브나 다른 것들에 비해 네이버 애드포스트를 통한 수익은 많다고 보기는 어렵습니다. 특히나 공무원의 경우, 광고 수익을 제외한 다른 수익을 창출하기는 어렵다 보니 이런 부분이 좀 아쉬운 것 같습니다. 이 때문에 많은 블로거가 유튜브로 전향하는 일이 많다고 알고 있습니다. 물론 돈을 목적으로 하는 것은 아니지만, 뭔가 열심히 한 것에 보상을 잘 받지 못하는 느낌이다 보니 가끔 힘이 좀 빠질 때가 있는 것 같아요.

Q5. 블로그를 시작하려는 사람들에게 해 주고 싶은 조언이 있다면?

▶ 마음먹는 건 쉽습니다. 그런데 마음을 먹고 시간이 흐를수록 시작하기가 어려워집니다. 이것저것 재고 따지게 되기 때문이죠. 물론, 큰돈이 들어가는 사업이나 투자는 신중해야 합니다. 하지만 글 쓰는

데는 돈이 들지 않아요. 글쓰기에 실패라는 게 있을 리 없지만, 설령 실패해도 잃는 게 없다는 거죠. 즉, 손실의 한도는 0인데, 이익의 한도는 무한대입니다. 이런 남는 장사가 또 어디 있겠습니까? 고민은 그만 멈추고 일단 시작해 보세요. 다음 스텝은 그때 보일 겁니다.

▶ 우선 시작하세요. 시작하려는 마음이 있다면 이것저것 고려하는 것보다 우선 시작하는 것이 가장 중요하다고 생각합니다. 인터넷에 돌아다니는 휘황찬란한 기술들에 현혹되기보다는 우선 시작하는 거죠. 이런저런 글을 쓰면서 내가 원하는 주제를 정하고, 편집도 신경 써 보고, 수익을 고려한다면 수익 모델을 만들기 위해 공부하는 겁니다.

하지만 시작하지 않고 고민만 한다면 쉽게 시작할 수 없습니다. 하기도 전에 지레 겁을 먹고 '에이, 난 이런 거 못해'라고 할 가능성이 크겠죠. 그리고 한 가지는 꼭 말씀드리고 싶습니다. 블로그 하면 정말 좋다는 것. 물론 꾸준히 한다는 전제 조건이 있어야 하지만, 생각지도 못한 곳에서 많은 것들을 얻을 수 있을 겁니다. 그것이 돈이 되었든, 사람이 되었든, 능력이 되었든 말이죠. 겁먹지 마세요. 당장 시작하세요!

Chapter Ⅳ.

공무원 N잡의
정석
- 심화편

유튜브로
콘텐츠
확장하기

1) 지금, 바로, 유튜브

"유튜브는 레드오션(Red Ocean)일까요? 블루오션(Blue Ocean)일까요?"

이미 유튜브는 레드오션이다? 반은 맞고 반은 틀립니다. 유튜브에 이미 많은 크리에이터가 존재한다는 점에서는 레드오션이 맞습니다. 하지만 시청자는 그보다 더 빠른 속도로 늘고 있으며 시청 시간은 기하급수적으로 늘고 있습니다. 대한민국 사람들의 앱 사용 시간을 분석한 기사를 보면 유튜브의 저력을 알 수 있습니다.

게다가 사람들은 유튜브에서 하나의 영상만 시청하지 않습니다. 연관 영상, 추천 영상을 지속적으로 시청합니다. 누구나, 언제나 새로운 것을 원하기 때문에 우리에게도 충분히 기회가 있습니다. 한없이 늘어나고 있는 콘텐츠 수요는 당신이 유튜브를 시작해야 하는 충분한 이유가 됩니다.

저는 2019년부터 유튜브 '골목책방', '퇴근맨' 채널을 운영하며 1년 동안 약 100개가 넘는 영상을 제작했습니다. 2024년 8월 기준 구독자 수는 각각 13,800명, 4,000명으로 꾸준히 부수입을 얻고 있습니다. 평범한 제가 해냈다는 건 누구나 방법을 익히고 시간과 노력을 투자한다면 당연히 해낼 수 있다는 의미입니다.

유튜브를 시작할 때부터 지금까지 블로그를 통해 유튜브를 어떻게 운영했는지 과정을 나눠 왔습니다. 그래서인지 가장 많이 듣는 이야기가 "퇴근맨님은 누구나 할 수 있다는 걸 몸소 보여 주시는 것 같아 괜히 응원하게 되고 저도 도전하게 돼요"였습니다. 맞습니다. 누구나 할 수 있습니다. 정말 그렇게 생각합니다.

심지어 저는 유튜브를 시작하기 전까지 영상을 만들어 본 경험이 단한 번도 없습니다. 또 남들보다 특출하게 잘하는 것이나 특별히 좋아하는 것도 없는, 무난하고 지극히 평범한 공무원이었습니다. 쉽게 말해 특별한 콘텐츠가 담긴 영상을 만들어 내야 한다고 생각하는 많은 사람이 보기에는 '유튜브에 부적합한 사람'이었죠. 하지만 공부했고 연구했고 방법을 찾았고 실행했습니다. 보통 사람의 생생한 유튜브 경험과 노하우가 시작을 망설이고 있는 분들에게 정말 필요한 적절한 도움이 될 거라고 생각합니다.

한창 인터넷 기사에 유명한 유튜버들의 수익이 공개되곤 했습니다. 어마어마하게 큰 금액이었던 것으로 기억합니다. 그래서인지 친구들과의 대화에서 유튜브가 주제가 될 때가 많았습니다. 잠시 떠올려 보자면,

"우리도 유튜브나 해 볼까? 돈 엄청 많이 번다더라."
"하고 싶어도 어떤 거로 해야 할지 모르겠다, 나는."
"게임 방송 많이 하던데? 우리 축구 게임 하는 거 그걸로 해 보자."
"OO아 너는 성대모사 잘하잖아! 무조건 대박일걸?"

실컷 떠들었지만 아무도, 어떤 시도도 하지 않았습니다. 그렇게 점점 말로만 하는 유튜브도 지겨워져 갔죠. 시간이 흐르고 직장 후배와 저녁 식사 장소를 찾기 위해 OO동 맛집을 찾기 시작했습니다. 그런데 후배가 네이버가 아닌 유튜브에 맛집을 검색하는 겁니다. 문화충격이었습니다. 놀란 눈으로 처다보자 당연하다는 듯이 대답하더라고요. "요즘은 다 유튜브로 검색해요."

유행을 따라가지 못하는 느낌, 뒤처지는 느낌이 저를 휘감았고, 진짜로 말만 하던 유튜브를 공부하기 시작했습니다. 매번 변화하는 흐름에 뒤늦게 따라붙는 데 이골이 났기 때문이기도 했고, 유튜브에서는 선두주자까진 아니더라도 중간은 하고 싶었습니다. 돈을 투자해 강의도 듣고 스터디도 하며 유튜브 생태계를 공부했습니다. 물론 쉽지만은 않았습니다. 그런데 그렇다고 아주 어렵지도 않았습니다. 유튜브의 성공

공식, 핵심은 하나였습니다.

"일주일에 두 편 이상 1년 동안 꾸준히 올리면 성공할 수 있다."

그렇게 아무에게도 알리지 않고 몰래 유튜브를 시작했고 결과적으로 유튜브는 제 삶을 크게 변화시켰습니다. 다양한 사람들을 만날 수 있었고, 많은 분야를 공부하게 되었고, 부수입 창출구가 하나 더 생겼으며, 새로운 도전에 대한 자신감, 나를 알리는 퍼스널 브랜딩까지 구축할 수 있었습니다. 유튜브는 예상했던 것보다 더 '생산적인 부수입 창출구'였습니다.

저는 정말 많은 분들이 유튜브를 시작했으면 좋겠다는 생각을 합니다. 그래서 유튜브 관련 콘텐츠도 제작했고, 책으로도 정리해서 냈고, 교육공무원들을 대상으로 유튜브 강의도 하고 있습니다. 시중에 나와 있는 여러 책이나 강의는 전업 유튜버를 준비하는 사람들에게 맞춰져 있어서 우리처럼 부업으로 시작하는 사람들을 위한 강의가 필요하다고 생각했습니다. 우리가 알아야 할 것은 적다고 말할 수 없지만 그렇다고 그렇게 많지도 않습니다. 기본에 충실한 것이 가장 중요합니다.

그래서 이번 챕터에서는 누구나 보고 바로 실행할 수 있는 유튜브 핵심 노하우를 잔뜩 담았습니다. 채널 개설부터 디자인, 영상 편집 방법 등 방법적인 부분은 하나하나 따라올 수 있도록 유튜브 영상 QR코드로 넣어 두었습니다. 좋은 학습 자료가 될 거라고 확신합니다. 그럼 지금부터 본격적으로 시작해 보겠습니다. 겁먹지 말고 따라오세요!

지금 바로 유튜브를 시작해야 하는 이유

사실 세상에 돈을 버는 방법은 무궁무진합니다. 눈만 낮추면 뭐든
할 수 있습니다. 하지만 직접 몸으로 뛰며 버는 돈은 한계가 있습니
다. 그런데 유튜브는 조금 다르죠. 무슨 소리냐고요? 재미있는 이야
기 하나를 들려 드리겠습니다.

개울에서 물을 길어와 1마일 정도 떨어진 마을까지 운반하는 일
을 하게 된 두 젊은이 A, B가 있습니다. A는 다른 사람들처럼 물통을
준비해 그것을 등에 지고 반복해서 날랐습니다. 반면에 B는 기존 방
식대로 하면 영원히 물을 날라야 한다는 사실을 깨닫고 새로운 방식
을 생각해 냅니다. 바로 개울에서 마을까지 파이프라인을 설치하는
것. 물론 초반에는 물통을 직접 나르는 것보다 파이프라인을 설치하
는 일이 훨씬 더 힘듭니다. 물은 하나도 운반하지 못하고, 설치하는
시간이 상당히 오래 걸리기 때문이죠. 게다가 설치하는 내내 A가 꾸
준히 재산을 쌓는 모습을 지켜봐야 합니다.

그렇게 시간은 흘렀습니다. A는 매일 반복되는 일과에 지쳐가기
시작합니다. 아플 때도 쉬지 못하고, 평생 이렇게 일을 해야 한다는
사실에 좌절하게 되죠. 반면 B는 결국 파이프라인을 전부 완성했고
직접 물을 운반하지 않아도 파이프라인을 통해 물이 흐르게 해 마을
사람들의 찬사와 함께 큰 부자가 됐습니다.

이 이야기의 핵심은 무엇일까요? 파이프라인을 만들어라? 큰 부자가 되어라? 그것보다 중요한 건 물통을 직접 나르는 일에는 한계가 있다는 깨달음이라고 생각합니다.

노동으로 얻는 수익에는 명확한 한계가 있습니다. 우리가 잠을 자든, 몸이 아프든, 그냥 쉬고 싶든, 돈이 저절로 들어오는 구조를 만들어야 합니다. 그 해답 중 하나가 유튜브라고 생각합니다. 유튜브는 영상을 한 번 제작해 두면 계속해서 나를 위해 일을 하죠. 이를 위해서 우리는 단단한 파이프라인, 좋은 콘텐츠가 담긴 유튜브를 만들어야 합니다. 그리고 그 부분은 충분히 해낼 수 있습니다.

둘째, 유튜브는 다양한 분야를 경험하기에 최적화되어 있습니다.

유튜브는 종합예술입니다. 이 말에는 '유튜브가 생각보다 어렵다'는 의미와 '제대로 공부하면 엄청난 발전으로 이어진다'는 의미가 함께 내포되어 있습니다. 쉽게 떠올릴 수 있는 영상 기획, 촬영, 편집뿐만 아니라 섬네일 디자인, 사람들이 클릭하게 하는 제목 짓는 법, 다양한 컴퓨터 프로그램 등을 아주 자연스럽게 익히게 될 겁니다.

이 경험과 공부는 단순히 유튜브를 넘어 여러분들이 살아가며 마주치는 다양한 문제 상황 속에서 끊임없이 활용할 수 있는 마르지 않는 샘물이 되어 줄 겁니다.

셋째, 초보자도 도전할 수 있습니다.

'N잡하는 허대리'라는 유튜버는 왕초보에게 필요한 건 '전문가'가 아니라 '초보자'라고 말합니다. 예를 들어, 여러분이 스마트폰 영상편집을 배우려고 하는 왕초보라고 생각해 봅시다. 비싼 돈을 지불하고 전문가에 배우는 것과 저렴한 가격에 1년 동안 100개 영상 만든 제게 배우는 것. 어떤 걸 선택하시겠습니까? 후자에게도 충분히 수요가 있다는 걸 말하고 싶었습니다.

사람들은 완벽한, 전문성 있는 콘텐츠를 만들어야 한다는 고정관념에 사로잡혀 정작 단 하나의 콘텐츠도 만들지 못합니다. 그럴 필요 없다고 생각합니다. 자신이 가진 경험, 지식들 중 다른 사람들이 관심 가질 만한 주제를 떠올려 보세요. 지인들이 평소 질문을 던지거나 칭찬한 게 있다면? 그게 바로 여러분이 바로 시작해야 할 콘텐츠입니다.

여러분의 콘텐츠가 필요한 사람은 무조건 있습니다. 일단 시작하세요. 퀄리티는 점차 좋아질 거라고 확신합니다. 저 역시도 처음에는 '책을 아무리 많이 읽는다 한들, 이미 책 리뷰 유튜버는 너무 많은데 사람들이 내 걸 보겠나' 하는 생각에 한동안 도전하지 않았습니다. 하지만 막상 시작해 보니 분명 제 콘텐츠도 누군가에겐 도움이 되는 걸 확인할 수 있었습니다.

당신은 관객이 되고 싶은가, 선수가 되고 싶은가?

마케팅계의 유명인사 세스 고딘의 『이카루스 이야기』에 나오는 글을 하나 소개하려고 합니다.

"경기장에서는 스무 명의 선수가 뛰고, 관람석에서는 8만 명의 관객이 응원한다. 관객은 구경하기 위해 돈을 내고, 선수들은 살아 숨 쉬며 경기를 만들어 간다."

유튜브도 마찬가지입니다. 선수인 유튜버와 관중인 시청자가 모여 있는 곳. 저는 세상을 잠식해 가는 유튜브라는 경기장에서 관객보다 선수가 되고 싶다는 마음의 소리에 귀를 기울이기로 했습니다. 살아 숨 쉬며 경기를 만드는 즐거움과 재미, 그리고 덤으로 부수입을 만들 수 있는 최고의 방법, 유튜브 크리에이터에 도전해 보셨으면 좋겠습니다.

유튜브의 진입장벽은 정말 낮을까?

누구나 채널을 개설할 수 있다는 점에서는 진입장벽이 낮은 건 맞습니다. 하지만 수익을 내는 일은 쉬운 일이 아닙니다. 구독자 500명과 누적 재생시간 3,000시간을 만드는 일에는 공부와 인내가 필요합니다. 유튜버 주언규(구 신사임당) 역시도 지금의 채널을 만들기까지 10개의 채널을 말아먹었다고 밝힌 바 있습니다.

하지만 걱정하지 않아도 됩니다. 우리에게 당장 필요한 건 대형 채널이 되는 방법이나 한 번에 대박 나는 방법이 아니라 유튜브를 시작해 첫 수익을 내는 방법입니다. 그리고 이 책이 그 해답을 찾는 데 큰 도움이 될 겁니다. 어렵게 생각하면 한없이 어려워집니다. 최대한 쉽게 시작해 봅시다. 그리고 그 한 번의 성공 경험이 여러분의 삶을 바꿔 놓을 거라고 저는 확신합니다.

유튜브를 시작할 때 가장 중요한 게 뭘까?

진부한 대답일 수 있지만 그래도 제일 중요한 건 콘텐츠입니다. '저는 콘텐츠가 없는데요?' 이해합니다. 사실 저도 그랬습니다. 하지만 누구나 찾을 수 있고 만들 수 있습니다. 누구나 살아오며 겪은 자신만의 경험, 관심 분야가 있기 때문입니다.

2) 유튜브로 수익화하는 방법과 기본 설정

유튜브의 수익화 방법 역시 블로그와 크게 다르지 않습니다. 유튜브로 공무원이 돈을 버는 방법도 애드센스 광고를 통해 광고 시청 수수료를 분배받는 건데요. 인사실무편람에 나와 있듯 외부광고나 후원은 불가능합니다.

한 가지 좋은 소식은 유튜브 수익 창출 요건이 최근 완화되었습니다. 구독자 500명, 누적 재생시간 3,000시간 이상을 채우면 애드센스 광고를 달 수 있습니다.

이때 공무원이라면 꼭 잊지 말아야 할 것이 한 가지 있습니다. 공무원 유튜버는 공무원의 품위를 해치는 콘텐츠는 다뤄선 안 됩니다. 정치적 이야기, 업무 관련 비밀, 상급자가 봤을 때 품위를 깎는 선정적, 자극적 콘텐츠, 마지막으로 업무 수행에 지장이 갈 만한 콘텐츠는 불가능

합니다. 자신의 일상을 담는 브이로그도 업무적으로 요구받은 작업이
아니라면 금지되어 있다는 점을 기억하셔야 합니다.

유튜브 수익을 극대화하는 방법 역시 블로그와 비슷한데요, 광고를
많이 노출시킬수록 수익은 극대화된다는 원리를 활용하면 됩니다.

첫째, 조회 수가 많이 나올 주제를 처음부터 선정해 영상을 제작해 나
가는 것.
둘째, 여러 개의 유튜브 채널을 만들어 수익 창출을 다각화하는 것.
셋째, 유튜브라는 생태계를 통해 나를 알리고 또 다른 수익 방안으로
확장시켜 나가는 것.

채널 주제 정하기

'어떤 주제로 유튜브를 해야 할까?' 많은 사람이 시작부터 막힙니다. 다
음 질문에 답해 보세요.

질문	YES	NO
1. 아주 더러운 쓰레기 더미에서 현금 만 원을 발견했다. 집까지의 거리는 30분. 이 더러운 만 원을 들고 갈 것인가?		
2. SNS를 통해서 사람들과 소통하는 걸 즐기는 편인가?		
3. 고민하고 분석하는 작업보다 아무 생각 없이 반복하는 작업이 좋은가?		
4. 길을 지나가다 같은 옷을 입은 사람을 보면 아무 느낌 없는가?		

이 질문지는 유튜버 주언규 님이 이야기한 '좋아하는 일과 잘하는 일 중 나에게 맞는 게 무엇인지'에 대한 질문을 제가 유튜브 운영 방향에 맞게 각색한 것입니다. YES가 많을수록 돈이 되는 주제로 정하면 좋고, 그 반대의 경우에는 좋아하는 주제로 운영하는 게 좋습니다. 반반이라면? 어느 쪽을 선택하든 상관없다고 보면 됩니다.

물론 좋아하는 주제라고 돈이 되지 않는 게 아니고, 돈이 되는 주제라고 재미없다는 뜻은 아닙니다. 좋아하는 주제로도 돈 벌 수 있고, 돈 버는 게 즐거우면 돈이 되는 주제도 즐겁게 느껴질 수 있기 때문이죠.

그래서 어떻게 하라는 말이냐? 해답을 먼저 말씀드리겠습니다. 돈이 되는 주제를 도전해 보고 싶다면 유튜브 속 조회 수가 높은(10만 회 이상) 영상들을 찾아보고, 그중에 해 볼 만한 주제를 선택합니다. 후에 그 주제와 관련된 영상들의 섬네일, 제목과 영상 흐름을 벤치마킹하고 공부해서 자신만의 영상을 만들면 됩니다.

반대로 좋아하는 주제로 도전해 보고 싶다면 평소 관심 있는 주제 리스트를 작성하고 그중 열 개 이상 이야기할 게 떠오르는 것으로 추립니다. 그리고 그 분야의 TOP 3를 벤치마킹해서 영상을 만듭니다. 순서가 다르다는 점 아시겠죠?

돈이 되는 주제?

유튜브로 돈을 벌기 위해선 조회 수가 높아야 합니다. 고로 돈이 되는 주제는 사람들이 좋아하는 주제, 인기 있는 주제라고 생각할 수 있습니다. 유튜브와 관련된 정보를 제공하는 여러 사이트에서 찾아볼 수 있는데, 제가 한번 정리해 보았습니다. 한 가지 유의할 것은 트렌드는 매번 바뀌기 때문에 분기별 한 번씩 들어가서 흐름을 확인하면 좋습니다.

요리	게임	키즈	실험/몰카	교육/노하우	인물(캐릭터)
ASMR	먹방	뷰티	음악/댄스	엔터테인먼트	코미디

이 주제 중 한 가지를 골라 그 분야에서 최고 유튜버와 구독자 1,000명 정도의 유튜버를 찾아야 합니다. 최고 유튜버는 최종 목표로 설정하고, 구독자 1,000명 유튜버는 좋은 길잡이로 삼으면 됩니다. 여러분이 지금 당장 무엇을 해야 하는지 그 유튜버가 하는 것들을 분석해 보세요. 어떤 영상을 올리고, 사람들과 소통은 어떻게 하는지, 평균 조회 수는 어느 정도 나오는지, 어떤 섬네일이 인기가 좋은지 등 덕질을 해 보는 겁니다.

좋아하는 주제 찾는 법

"저는 좋아하는 주제를 모르겠는데요?"라는 질문을 많이 받습니다. 그럴 때마다 저는 만다라트를 추천합니다. 만다라트는 목표를 달성한다는 뜻의 'Manda+la'와 'Art(기술)'를 결합한 단어로, 일본의 괴물 야구선수 '오타니 쇼헤이'가 자신의 성공 비결로 언급하면서 유명해졌는데요. 목표 달성을 위한 툴이지만 생각을 정리할 때에도 효과적입니다.

만다라트는 한 페이지로 모든 내용을 볼 수 있고, 공백을 메우고 싶은 심리가 작용해 구체적이고 논리적으로 생각을 정리할 수 있습니다. 실제로 한번에 모든 칸을 채우기 매우 어렵기 때문에 천천히 며칠 시간을 두고 작성해 보시길 권합니다. 정가운데 사각형에 핵심 키워드를 적고 그것과 관련된 세부 내용들을 나머지 여덟 칸에 적으면 됩니다.

주식 투자	책	사진
축구	**주제**	캠핑
차	쇼핑	여행

1단계 - 핵심키워드 찾기

먼저 평소 즐기는 것, 알고 있는 것, 배운 것을 편하게 적어 보세요. 핵심 키워드가 채워져야 세부적으로 어떤 콘텐츠를 만들지 생각해 볼 수 있습니다. 채우려고 노력하다 보면 나도 모르게 콘텐츠 주제가 떠오를 가능성이 있으니 대충 적지는 않으셨으면 좋겠습니다.

			독후감	독서법	자기 계발			
	주식 투자		작가 인터뷰	책	동기 부여		사진	
			책 쓰기	굿즈 리뷰	책방 리뷰			
			주식 투자	책	사진			
	축구		축구	주제	캠핑		캠핑	
			차	쇼핑	여행			
	차			쇼핑			여행	

2단계 - 키워드별 이야기 소재 찾아보기

위의 표처럼 각 주제에 대해 자신이 글 또는 말로 설명할 수 있는 주제를 생각해 보면 됩니다. 예를 들어 저의 경우 직접 적어 보니 책은 말할 수 있는 게 많았습니다. 반면에 주식 투자는 세 칸 정도 채우니 그 이상 채울 소재가 없었고요. 특정 주제를 여덟 칸을 채울 수 있다면 일단 그 주제로 시작해 보세요. 그게 여러분의 유튜브 시작점이 되어 줄 겁니다.

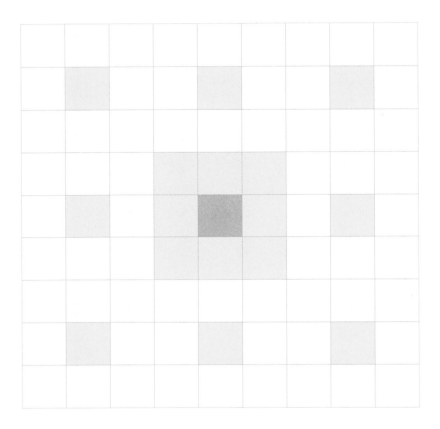

주제가 너무 많아서 고민이라면?

하고 싶은 게 너무 많아서 고민인 분들도 계실 겁니다. 정말 꼭 다 해 보고 싶다면 채널을 여러 개 만드는 걸 추천합니다. 여러분이 재테크에 대한 정보를 얻을 수 있는 채널을 찾고 있다고 생각해 봅시다. '재테크 방법' 영상이 가득한 채널과 '재테크', '먹방', '브이로그', '상품 리뷰' 등 주제가 우후죽순 담긴 채널. 둘 중 어느 쪽에 구독을 누르게 될까요? 답이 되었을 거라 생각합니다.

채널을 여러 개 만들기 부담이 된다면 방법이 있습니다. 한 가지 주제로 먼저 자리를 잡은 뒤에 다른 주제들을 추가해 나가는 겁니다. 비즈니스 유튜버 '자청'의 경우, 돈 버는 이야기를 먼저 던져 사람들에게 관심과 신뢰를 얻고, 그 이후에 자신이 진짜 하고 싶었던 책 이야기를 영상으로 만들어서 두 마리 토끼를 동시에 잡았습니다.

시청자 타깃 설정하기

주제를 정했다면 영상을 보는 사람을 떠올려 봐야 합니다. 물건을 판매할 때도 이 물건을 누가, 어떻게 사용할지 떠올려 보는 과정은 필수입니다. 그래야 정말 팔릴 만한 물건을 고를 수 있죠. 이때 중요한 건 구체적으로 그려야 한다는 점입니다. 단순히 '20대 여성' 또는 '30대 남성'이 아니라 아주 구체적으로 생각해 봅시다. 그래야 그들에게 흥미를 끌 수 있는 내용을 영상에 담을 수 있습니다.

제가 골목책방 채널을 열기 전에 떠올려 본 예상 시청자의 모습은 이렇습니다. '책을 읽기 전에 유튜브를 통해 내용을 살펴보고, 책의 느낀 점을 다른 사람들과 공유하는 걸 좋아하는 사람. 독서와 자기계발, 재테크 공부에 관심이 많은 30~40대 여성. 공부에 대한 갈증을 느끼고 있지만 정작 시간을 내기엔 버거운 사람.' 이렇게 시청자를 구체적으로 떠올려 보니 화려한 영상 편집보다 잔잔한 목소리로 책 속의 중요한 부분만 짚어 주는 형식을 택할 수 있었고, 또 어떤 책을 주로 소개하면 좋을지 등 채널의 방향을 설정할 수 있었습니다. 구체적이면 구체적일수록 좋습니다. 잠시 시간을 투자해서 다음 빈칸을 채워 보세요.

성별		관심사	
나이		직종	
좋아하는 분야		자주 보는 방송	
자녀 유무		즐겨 보는 유튜버	
연봉		영상 시청 장소	
사용하는 SNS		영상 시청 시간	
참여하고 있는 모임		영상 시청 매체	

채널 이름과 콘셉트 정하기

주제와 시청자가 어느 정도 그려졌다면 이제는 그에 맞는 채널명과 콘셉트를 정해야 합니다. 우선 채널명은 '책그림', '부동산 읽어 주는 남자', '피지컬 갤러리'처럼 여러분의 콘텐츠가 드러나게 하는 게 좋습니다. 그리고 채널 콘셉트는 롤 모델을 찾아 분석한 후에 자신에게 맞게 수정하면 됩니다.

채널명	유튜버 책그림	골목책방	당신의 채널
얼굴 등장 여부	×	×	
배경음악 종류	×	잔잔한 음악	
자막 여부	○	○	
마이크 여부	○	○	
인트로	×	짧게 만들어서 사용	
아웃트로	×	인트로 그대로 활용	
인사말	×	×	
프로그램 종류	비디오 스크라이브	키네마스터	
촬영 장소	조용한 장소	조용한 내 방	

유튜브 준비물

유튜브를 시작할 때 첫 준비물은 무조건 가볍게 시작하셨으면 합니다. 비싼 돈을 투자하면 포기하지 않고 할 것 같지만, 처음에 너무 힘을 주면 결과에 집착하게 되기 때문에 쉽게 포기하는 경우가 더 많습니다. 그래서 처음에 활용하기 좋은 아주 가벼운 준비물들을 소개합니다.

촬영은 가지고 있는 스마트폰으로, 삼각대는 인터넷 최저가 상품, 마이크는 보야 BY-M1 제품과 연결 잭, 영상 편집은 블로(VLLO)나 키네마스터 유료 구독. 디자인은 미리캔버스, 자막은 브루(Vrew) 프로그램 무료 버전 활용. 이렇게 하면 단돈 10만 원으로 유튜브를 시작할 수 있습니다. 이것들은 예시일 뿐이니 인터넷에 조금만 검색해 보면 싸고 좋은 제품들을 구입할 수 있을 겁니다.

구분	제품	가격대
촬영	기존 스마트폰	-
삼각대	인터넷 최저가 상품	2~3만 원대
마이크	보야 BY-M1 (아이폰의 경우 연결 잭 필요)	1만 원대 (+라이트닝 잭 15,000원)
스마트폰 영상 편집	키네마스터 유료 이용	49,000원
	블로(VLLO) 유료 이용	15,000원
총합		10만 원 내외

저작권 걱정 없는 유튜브 재료

영상을 제작할 때 이미 만들어져 있는 무료 소스를 활용하면 더 쉽게, 질 좋은 콘텐츠를 만들 수 있습니다. 당장 활용하지 않더라도 즐겨찾기를 설정해 두면 좋을 사이트 몇 가지를 소개합니다.

펙셀스 | pexels.com

무료 영상과 이미지를 다운받을 수 있는 사이트로, 한글 검색이 가능하다는 장점이 있고 일반인들이 올린 감성적인 무료 영상이 많아서 이용하기 좋습니다.

언스플래시 | unsplash.com

블로그나 유튜브에서 보는 감성적인 사진은 대부분 이곳에 있습니다. 느낌 있는 사진이 많고, 무료이기 때문에 많은 사람이 활용하고 있어요. 영상을 보다 보면 다른 유튜버들과 겹치는 부분도 있긴 하지만 사진 종류가 워낙 많고 다운로드도 쉬워서 추천합니다.

유튜브 오디오 라이브러리 | youtube.com/@audiolibrary_

유튜브에서 제공하는 저작권 프리 음원 사이트입니다. 배경음악과 효과음을 다운받을 수 있습니다. 음악의 장르, 분위기, 악기, 길이, 저작자 표시 여부를 설정하여 검색할 수 있기 때문에, 고요하고 맑은 느낌, 펑키, 행복 등등 직접 들어 보고 채널에 맞는 음악을 활용하면 됩니다. 몇몇 음원은 저작권 표시가 필요하다고 설명되어 있는데요. 그럴 땐 영상 설명란에 출처와 아티스트에 관한 라이선스를 적어주면 됩니다.

눈누 | noonnu.cc

저작권 걱정 없는 폰트는 눈누 사이트에서 확인하면 됩니다. 다양한 글꼴 중 마음에 드는 것을 선택하면 되겠지만 개인적으로 가장 잘 활용하고 있는 글꼴 세 가지, 배달의민족 글꼴, 나눔고딕체(네이버 나눔글꼴), 경기천년체를 소개합니다.

배달의민족 글꼴 | woowahan.com/#/fonts
네이버 나눔글꼴 | hangeul.naver.com/2017/nanum
경기천년체 | **경기도청 홈페이지**(gg.go.kr) **- 경기도 소개 - 경기도 상**
　　　　　　징물 - 경기도 서체

이제부터 실전입니다. 이 책이 기술적인 방법을 하나하나 설명하는 영상편집 관련 도서는 아니기 때문에 글로 최대한 실제적인 노하우를 설명드릴 예정이고, 차근차근 따라해 볼 수 있는 영상은 QR코드로 공유하겠습니다.

　우선 구글 계정을 만들고 채널 개설을 해야 합니다. 다음 영상을 보며 차근차근 나만의 채널을 만들어 봅시다.

구글 계정 만들고 채널 개설하기

다음으로는 채널아트와 채널아이콘을 설정해야 합니다. 채널의 간판을 준비한다고 생각하면 됩니다. 이 두 가지만 잘 만들어 두어도 준비된 채널이라는 느낌을 줄 수 있습니다. 만약 가게를 열었는데, 간판도, 메뉴판도 없다면 아무도 오지 않겠죠?

　채널아트와 채널아이콘의 경우 채널명과 마찬가지로 자신의 주제를 잘 드러낼 수 있어야 합니다. 유명 유튜버들의 채널아트 예시를 참고해 봅시다.

'하루하루 열심히 살아가는 사람들의 이야기'

'내가 월급만 바라보며 살 것 같으냐'

'회사 다니면서 이것저것 해 보는 중입니다'

'인생의 공략집을 해킹하여 자유를 얻다'

'지금처럼 살거나, 지금부터 살거나'

'게임도 예능처럼'

'내 일이 기대되는 삶, 내일이 기다려지는 삶'

'바늘도전이 소도전된다'

이번에도 만드는 방법은 아래 링크를 확인해 주세요.

채널아트와 채널아이콘 만들기

대본 작성: 유튜브 대본 쉽게 작성하는 법

대본은 유튜브 초보자에게 반드시 필요합니다. 대본을 작성한 후에 영상을 찍으면 편집 시간이 줄어들 뿐만 아니라 우왕좌왕할 일 없이 원하는 흐름대로 영상을 찍을 수 있어 영상의 질이 좋아질 수밖에 없습니다.

특히 시청자는 말과 말 사이에 틈이 생기면 영상을 지루하게 느낍니다. 그래서 편집자들은 그 공백을 줄여 주는 '컷 편집'을 필수적으로 합니다. 문제는 이게 시간이 어마어마하게 걸린다는 겁니다. 그런데 대본을 작성하고 물 흐르듯이 녹음한다면 컷 편집 시간도 크게 줄일 수 있습니다.

그렇다면 대본은 어떻게 써야 할까요? 당연히 글을 잘 써야 합니다. 글을 잘 쓰려면? 일단 문장을 짧게 끊어 써야 합니다. 짧은 문장 속에 핵심을 잘 담아내는 분들이 있습니다. 바로 마케터입니다. 마케터분들이 적극적으로 활용하고 있는 글 쓰는 기술을 습득할 수 있다면 얼마나 좋을까요? 저는 이걸 '문장력'이라고 부릅니다.

'문장력'은 단순히 글을 쓸 때뿐만 아니라 모든 콘텐츠 제작에 적용할 수 있는, 반드시 적용해야 하는 부분입니다. 평소 문장력이 좋다고 생각하는 분들의 콘텐츠를 분석해 보았습니다. 이는 대본 작성뿐만 아니라 콘텐츠의 핵심인 섬네일과 제목 그리고 본 내용에도 꼭 필요한 부분이니 꼼꼼하게 읽어 보세요.

당장 활용할 수 있는 문장 스킬

첫째, 결론부터 적기

영상 초반에 자신의 이야기를 마구 담는 사람들이 있습니다. 이미 유명한 인플루언서나 연예인들에게만 좋은 방법입니다. 여러분의 영상을 보려고 들어온 사람들은 여러분이 아닌, 여러분이 말하고자 하는 결론이 궁금해서 들어왔을 가능성이 큽니다. 그렇기에 첫 부분에 결론을 말하고 설명하는 순서로 대본을 작성해 주세요.

둘째, '내가, 나는' 대신 '당신은, 여러분은'으로 바꾸기

표현을 바꾸는 순간 콘텐츠를 어떻게 전달할지 시청자의 관점에서 생각하게 됩니다. '제가 발견한 좋은 문장을 공유합니다'보다는 '현실이 버거운 당신에게 힘이 되어 줄 문장을 발견했습니다'가 더욱더 시청자를 위한 표현입니다.

셋째, 궁금증을 유발할 수 있는 표현 쓰기

"5개월 동안 매일 만 보를 걸었다. 어떤 변화가?", "월급 200만 원 받던 직장인이 퇴사 후 3개월 만에 천만 원 번 이야기"처럼 사람들의 흥미와 호기심을 끌 수 있는 표현을 대본 중간중간 넣어 주어야 합니다.

넷째, 사이사이에 시청자가 영상에 집중하게 만드는 표현 사용하기

"생각해 봅시다, 떠올려 봅시다, 집중하세요, 어떠신가요?" 등의 표현은 집중력이 떨어지는 시청자들을 다시 영상에 집중하게 하는 힘이 있습니다.

다섯째, 질문 거리를 던져 시청자가 직접 생각해 보게 하기

대형 유튜버 '김미경 TV'의 경우 책 소개 뒤에 '북액션'이라는 이름으

로 시청자에게 생각해 볼 거리, 공부할 거리, 참여할 거리를 제공합
니다.

그 외에도 예시 들어주기, 부끄러워도 "구독과 좋아요, 영상 끝까지
시청해 주세요" 표현 넣기, 자신도 모르게 반복하는 쓸데없는 미사여구
줄이기 등이 있습니다.

꾸준히 문장력을 기르는 방법

앞서 소개한 것처럼 단기적으로 활용할 수 있는 문장력 스킬 외에도 지
속적으로 공부하고 적용해 보면 좋을 방법들도 있습니다. 장기적으로
유튜브를 운영해 나갈 것이라면 이 부분이 훨씬 중요하다고 생각합니
다.

첫째, 초반엔 질보단 양. 일단 많이 쓰기

최근에 글을 적어본 경험이 있나요? 대부분 학창시절 숙제, 대학 진
학을 위한 논설이나 취업을 위한 자기소개서, 친구와 주고받은 카카
오톡 외에는 기억이 나지 않을 겁니다. 괜찮습니다. 이제부터 쓰면
됩니다. 처음엔 힘들겠지만 무조건 양으로 승부해야 합니다. 대신 조
건이 한 가지 붙습니다. '진짜 내 글'을 '완결성' 있게 적는 것.

둘째, 책 많이 읽기

책을 많이 읽는 사람은 대부분 글을 잘 씁니다. 연인이 생기면 점점 말투가 닮아가는 것처럼 좋은 글을 읽다 보면 자연스럽게 우리가 쓰는 문장도 좋아질 수밖에 없습니다. 그래서 글을 읽는 것을 넘어 손으로 직접 필사까지 할 수 있다면 실력은 더 금방 늘게 되겠죠.

셋째, 글쓰기 공략집 해킹하기

게임의 공략집처럼 글쓰기에도 공략집이 있습니다. 시간을 단축하고 싶다면 글을 잘 쓰는 작가들을 벤치마킹하면 됩니다. 글쓰기에 관련된 책을 읽고 노하우를 흡수하세요. 다음 세 권을 추천합니다.

- 김애리 작가의 『글쓰기가 필요하지 않은 인생은 없다』
- 이하루 작가의 『내 하루도 에세이가 될까요?』
- 가나가와 아키노리 작가의 『마케터의 문장』

유튜브 촬영과 편집 노하우

저는 얼굴이 등장하지 않는 지식 전달 콘텐츠를 주로 제작하고 있지만, 브이로그와 카메라를 보고 이야기하는 방식의 영상도 제작한 경험이 있습니다.

얼굴이 등장하든, 등장하지 않든 촬영의 핵심은 보여 주고자 하는 대상을 최대한 예쁘게 담아내는 것입니다. 얼굴을 드러낼 거라면 적어도 외모를 깔끔하게 정리하고 촬영해야 합니다. 연예인처럼 꾸미라는 이야기가 아니라, 수염이나 헤어스타일, 옷차림에서 지저분한 느낌을 주지 않으면 충분합니다. 일부러 자연스러움과 더러움을 뽐내는 콘텐츠가 아니라면 깔끔한 주변 환경 정리도 필수겠죠.

그럼 지금 바로 활용할 수 있는 촬영 기술엔 무엇이 있을까요?

첫째, 균형을 맞추는 건 기본입니다. 카메라 촬영 시 수평, 수직 안내선을 꼭 켜 놓아야 합니다. 보는 사람들이 불편하지 않게 수평과 수직에 신경을 써서 촬영한다면 시청자들에게 안정감을 줄 수 있습니다.

둘째, 촬영 전에 꼭 스마트폰 카메라 렌즈 부분을 닦아주세요. 실제 렌즈가 아닌 그 위의 유리를 닦는 거라 렌즈 손상을 걱정하지 않으셔도 되는데, 이 작은 수고로움만으로 영상이 훨씬 깔끔해집니다.

셋째, 빛을 잘 활용해야 합니다. 사진 관련 강의를 들을 때마다 모든 강사님께서 공통적으로 하는 이야기가 있습니다. 촬영의 기본은 빛이라는 것. 채광이 좋은 곳에서 촬영하거나 값싼 조명 기구를 활용하면 좋겠습니다.

넷째, 손 떨림이 심하다면 짐벌 또는 삼각대를 활용하세요. 역동적인 콘텐츠를 담아야 한다면 화면의 초점이 맞지 않거나 흔들리지 않게 주의해야겠죠?

다섯째, 콘텐츠에 어울리는 배경에서 촬영해 보세요. 한강 뷰를 배경으로 돈 이야기를 하면 더 신뢰가 가고, 책장을 배경으로 지적인 이야기를 하면 괜히 더 귀를 기울이게 됩니다. 그게 어렵다면 깔끔한 벽지로도 충분합니다. 그것도 어렵다면? 얼굴을 공개하지 않고 유튜브하는 방법을 활용해 보세요!

얼굴 공개 안 하고 유튜브 하는 세 가지 방법

스마트폰 하나로 끝내는 영상 편집

저는 키네마스터 유료 버전을 활용했는데, 조작이 간단하고 스마트폰에 있는 영상, 사진 자료를 바로 활용할 수 있어서 굉장히 편했습니다. 또 효과음이나 배경음악 등 저작권 걱정도 할 필요가 없어서 좋았습니다.

영상 편집을 해 보지 않았다고 겁먹을 필요 없습니다. 몇 번만 이것저 것 만져 보며 영상을 완성하면 금방 손에 익게 될 겁니다. 자세한 영상 편집 방법은 보충 영상을 통해서 제가 정리해 두었으니 따라해 보셨으 면 합니다. 대중교통을 이용할 때, 잠자기 전 침대에서, 갑자기 생각날 때 언제든 가능한 스마트폰 영상 편집 방법입니다.

세상에서 가장 쉬운 유튜브 편집 방법 – 키네마스터 사용법 방법론적인 건 영상으로 대체하고, 그간 영상 편집을 하며 체득한 팁들을 나눠보려고 합니다.

첫째, 처음부터 화려한 영상 편집에 집착하지 마세요. 처음엔 쉽게 시작해야 합니다. 단순하게, 깔끔하게 시작하세요. Simple is Best. 꼭 필요한 효과가 아니라면 최소화해도 됩니다. 채널 운영, 영상 제작에 익숙해지면 그때 하나하나 스킬을 늘려 갑시다.

둘째, 사진이나 글자 크기, 자막 등 디테일에 신경 써야 합니다. 의도가 들어간 부분이 아니라면 통일감을 주는 게 좋습니다.

셋째, 익숙해질 때까지 인내해야 합니다. 처음엔 정말 편집만 하다 하루가 다 가는 경험을 하게 됩니다. 그런데 하다 보면 편집 시간은 분명히 줄어듭니다. 버티세요.

넷째, 편집 후에 결과물을 꼭 한 번 확인하는 습관을 들이세요. 그렇게 한 번 더 확인하고 수정하는 정성이 시청자들을 끌어들입니다.

다섯째, 영상 길이는 처음엔 짧게 시작해서 점점 늘려가세요. 처음부터 10분 이상의 영상을 제작하려고 애쓰다 보면 하나의 영상도 완성하지 못하고 유튜브를 접을 수도 있습니다. '처음엔 가볍게!'를 잊지 마세요.

여섯째, 목소리가 배경음악 소리에 묻히지 않게 볼륨 조절을 하세요. 직접 들어 보면서 시청자의 입장에서 볼륨 조절을 하면 됩니다.

마지막으로, 자막은 반드시 넣어 주세요. 이제는 자막이 기본인 시대입니다. 한국 영화, 한국 드라마도 자막을 켜고 보는 세상이죠. 브루 프로그램을 사용하면 손쉽게 자막 제작이 가능하니 꼭 활용해 주세요.

무료, 자동 자막 프로그램 브루(Vrew) 활용법

4) 유튜브 영상 제작의 모든 것 (2): 섬네일, 제목, 홍보, 분석

유튜브에서 영상만큼 중요한 걸 꼽으라면 단연 섬네일입니다. 알고리즘 세계 속 떠다니는 여러분의 영상을 사람들이 클릭하게 만드는 가장 큰 이유가 섬네일이기 때문인데요. 섬네일에 영상의 성패가 달렸다고 이야기해도 과언이 아니라고 생각합니다. 그럼 어떻게 섬네일을 만들어야 할까요?

섬네일을 제작할 때 가장 효율적인 방법은 이미 만들어진 영상 중 조회 수가 높은 영상을 벤치마킹하는 겁니다. 고민하는 시간을 최소화하면서 높은 조회 수를 얻을 가능성이 있는 방법인데요.

예를 들어 보겠습니다. 만약 책으로 유튜브를 할 계획이라면 책을 좋아하는 사람들의 관심사를 알 수 있는 커뮤니티 또는 채널에 가서 사람들이 어떤 분야에 관심 있는지 살펴봅니다. 서점 사이트나 책과 관련된 네이버 게시판 등에서 확인할 수 있겠죠?

그 안에서 인기 좋은 글을 파악하고 책을 선정합니다. 만약 '부부 사이에 쓰면 100% 싸운다는 최악의 말버릇'을 선택했다고 해 봅시다.

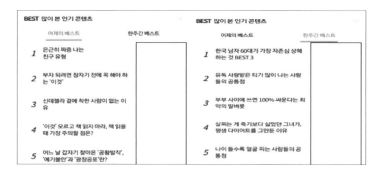

다음 단계는 유튜브에 검색해 보는 겁니다. 검색 결과로 나온 영상 중 조회 수가 높은 영상 세 가지를 분석합니다. 제목은 어떻게 지었는지, 섬네일은 어떤 사진과 문구를 활용했는지. 그렇게 내 영상의 방향을 잡고 섬네일을 내 방식으로 꾸며 주면 됩니다.

섬네일 제작 역시 많이 찾아보고 많이 분석해서 적용할수록 성장 속도는 어마어마하게 빨라질 겁니다. 단기간에 높은 조회 수, 많은 구독자를 기록한 유튜버들 대부분 이 방법을 활용했다고 말합니다. 물론 처음부터 성공한 경우는 드물었고, 대부분 시도해 보고 개선해 나가며 큰 성공에 이르렀다고 해요. 천 리 길도 한 걸음부터라는 사실을 잊지 마세요. 벤치마킹을 하면서도 결국 세부적인 몫은 자신의 몫이라는 사실도 꼭 기억해 주시고요.

클릭하고 싶은 섬네일 만드는 법

앞서 말했듯 유튜브는 섬네일이 반입니다. 검색은 제목으로 될지 몰라도 결국 시청자들은 섬네일을 보고 영상을 클릭하기 때문에 섬네일 제작에 공을 들여야 합니다. 유튜버 주언규의 경우 영상을 촬영하는 시간보다 섬네일을 고민하는 데 시간을 더 투자한다고 말합니다. 그만큼 중요한 부분이라는 거죠.

　섬네일 제작에 정답은 없지만 직접 만들며 알게 된 노하우들을 나눠 보겠습니다. 우선 예시를 보시죠. 여러분이라면 어떤 섬네일을 클릭하시겠습니까? 부끄럽지만 왼쪽이 제가 처음에 만들었던 섬네일이고, 오른쪽이 후에 공부하고 변경한 섬네일입니다.

첫째, 역동적인 표정이 담긴 얼굴 사진이 들어가면 좋다.

둘째, 글이 필요하다면 잘 보이게 해야 한다(뚜렷하게, 글자 수 너무 많지 않게).

셋째, 질문을 던지거나 구체적인 숫자를 넣어 주면 좋다.

넷째, 조회 수가 10만이 넘는 영상들의 섬네일을 (그대로 베끼지 말고) 벤치마킹하자.

다섯째, 영상 내용 안에 없는 내용은 절대 섬네일에 담지 말자.

여섯째, 호기심이 생기게, 클릭하지 않으면 문제가 생길 거라는 암시를 주자(당신만 모르는 OOO, 모르면 손해 보는 OOO처럼).

"나는 포토샵 못하는데요. 어쩌죠?" 이런 질문이 스멀스멀 올라올 것 같은데요. 걱정하지 않아도 됩니다. 세상이 정말 좋아졌습니다. 포토샵을 다루지 못해도 기가 막힌 디자인을 손쉽게 할 수 있습니다. '미리캔버스'라는 무료 웹디자인 프로그램 속에서 제공하는 자료들을 활용해서 손쉽게 섬네일을 만들 수 있습니다. 방법은 어렵지 않으니 미리캔버스를 다루는 방법은 영상을 참고하셨으면 합니다.

똥손이 10분 안에 유튜브 섬네일 만들기

첫 영상 업로드: 첫 영상의 중요성

주제도 정했고, 준비물, 채널 개설, 대본 작성, 촬영, 편집, 섬네일. 이제 다 왔습니다. 영상만 업로드하면 됩니다! 그런데 영상을 올리려고 하면 문득 걱정이 되기 시작할 겁니다. '구독자가 0명인데 내 영상을 누가 볼까?'

다행히도 유튜브는 신입 사원에게 관대합니다. 채널의 첫 영상은 환영의 의미로 열심히 노출을 시켜 줍니다. 유튜버 입장에선 고마운 일이지만 사실 유튜브 입장에선 당연한 일이죠. 영상을 뿌려 보고 시청자들이 재미있게 보는지, 오래 보는지, 댓글을 다는지 등 다양하게 분석해서 좋은 콘텐츠면 더 널리 알리는 게 유튜브에겐 이득이기 때문인데요. 반대로 반응이 좋지 않으면 뿌려 주는 양을 확 줄여 버리기 때문에 인고의 시간을 겪게 될 가능성이 높습니다.

그래서 첫 영상은 신중하게 골라야 합니다. '내 필살기 영상은 구독자가 좀 모이면 올려야지' 했다가는 평생 여러분의 마음속에만 남게 될 수도 있습니다.

그래도 겁먹진 맙시다. 비록 첫 영상이 잘 안 되더라도 꾸준히 영상을 개선해 나가며 업로드하면 구독자가 100명, 300명, 500명이 되었을 때도 힘을 실어 줄 확률이 높습니다. 중간 중간 터질 거라 생각지 못했던 영상이 사회적인 이슈와 흐름에 따라 터지기도 하죠. 정리해 보면 일단 첫 영상에 힘을 주긴 하되, 겁먹지 말고 꾸준히 영상을 쌓아 나가자는 겁니다.

채널 홍보: 채널 똑똑하게 홍보하기

영상을 올리고 나서는 이제 반대로 걱정을 하게 됩니다. '처음부터 떡상하면 어떡하지?' 다행히도 그런 일은 쉽게 일어나지 않습니다. 이미 팬층을 두텁게 쌓아 둔 사람이 아니라면 어떻게든 '나 여기 있어요! 여기 내 영상 있다고요!' 하고 알려야 합니다.

비슷한 주제의 영상 해시태그 해킹하기

당신이 엄청나게 창의적인 사람이 아니라면 유튜브에는 이미 비슷한 콘텐츠를 제작한 사람이 분명 있을 겁니다. 그중 가장 조회 수가 높은 영상을 클릭해 보세요. 그 영상의 설명란을 보면 해시태그가 공개되어 있는 경우가 있습니다. 만약 보이지 않는다면 제목이라도 비슷하게 작성하는 노력을 해야 합니다. 그럼 그 영상을 시청한 사람에게 연관 영상으로 소개될 가능성이 높아집니다.

지인 홍보, 맞구독은 무의미하다

친한 사람이라고 해서 여러분의 콘텐츠를 좋아할 거라는 착각에 빠지지 말아야 합니다. 모든 사람들은 관심 있는 분야만 지속적으로 시청합니다. 취향까지 완벽하게 맞는 지인이 있다면 다행이지만 대부분 그렇지 않을 것이고, 또 지인의 목소리를 영상으로 만나는 일이 생각보다 오글거리는 일이라는 사실을 기억해야 합니다.

그래서 이왕이면 내가 다루는 콘텐츠의 주제에 관심이 있는 지인에게만 영상을 나눠주어야 합니다. 그 외에는 오히려 클릭해 보고 '어? 의리로 누르긴 했는데… 조회 수 늘었으니 됐겠지?' 하며 나가는 순간 시청 지속시간에 엄청난 마이너스가 작용합니다.

맞구독도 같은 이치입니다. 사람들은 의리로 영상을 시청하지 않습니다. 책에 관심이 많은데 낚시 유튜버가 맞구독을 하자고 한다면? 처음엔 "우리 자주 소통해요!" 하겠지만 결이 맞지 않는 구독자는 내 영상을 절대 시청하지 않습니다. 무의미한 구독자 숫자만 하나 늘게 된 겁니다.

커뮤니티를 적극 활용하라

그럼 대체 어디에 홍보해야 할까요? 여러분의 콘텐츠를 좋아할 만한 사람들이 모여 있는 커뮤니티를 찾으세요. 네이버 카페, 다음 카페, 블로그, 인스타 등등 검색해 보세요. 관심사가 비슷해야 채널로 유입시킬 수 있습니다. 다만 중요한 건 어느 정도 활동을 한 이후 홍보를 해야 한다는 점입니다. 처음부터 의욕만 넘쳐 무작정 채널을 홍보하는 건 오히려 안 하느니만 못합니다. 친분도 별로 없는 사람에게 다짜고짜 찾아가 "돈 좀 빌려 주세요" 해봤자 실제 돈을 빌려 줄 확률은 제로에 가까운 것과 같은 이치죠.

유튜브에서 진실하게 소통하라

유튜브에서 살아남기 위한 가장 좋은 방법은 유튜브에서 열심히 활동하는 겁니다. 쉽게 말해 주제가 비슷한 유튜버의 진짜 팬이 되는 것이다. 관심 있는 분야의 영상을 시청하며 재미, 정보도 얻으면서 섬네일, 영상 흐름, 제목, 편집, 구독자와의 소통 등 유튜브 생태계를 생생하게 이해할 수 있게 됩니다. 게다가 진심이 담긴 댓글을 통해 비슷한 관심사의 시청자들에게 내 채널을 알릴 수도 있죠. 정말 좋은 방법 아닌가요?

한 번 만든 영상 100% 활용하는 방법 - 원 소스 멀티 유즈

아주 중요한 부분이라 따로 설명하려고 합니다. 여러분이 치킨 가게 사장이라고 생각해 보세요. 심혈을 기울여 전단지를 만들었습니다. 어떻게 홍보하면 좋을까요? 직접 길거리에 나가 손으로 뿌리기? 저라면 밖에서 뿌리는 건 당연히 할 거고, 전봇대에도 붙이고, 블로그와 인스타그램, 페이스북 계정을 만들어 전단지를 게시물로 올릴 것 같습니다.

여러분이 만든 영상도 마찬가지입니다. 유튜브에만 올리는 게 아니라 블로그, 인스타그램, 팟캐스트, 네이버TV, 오디오클립 게시물로 변형해 올릴 수 있습니다. 이는 홍보 효과를 극대화할 뿐 아니라 또 다른 채널을 적은 힘으로 운영할 수 있는 아주 효율적인 방법입니다.

영상을 만들며 적었던 대본을 그대로 블로그에 올리고, 영상에 나왔던 장면을 몇 개 캡처해서 인스타그램에 올리는 겁니다. 음성 녹음을 했다면 음성 추출을 활용해 팟캐스트, 네이버 오디오클립에 올리고, 영상은 유튜브뿐만 아니라 네이버 TV에도 올리세요.

이렇듯 하나의 콘텐츠로 무려 다섯 개 이상의 채널을 운영할 수 있습니다. SNS 콘텐츠로 큰 부와 명예를 거머쥔 '게리 바이너척(베이너척)'은 하나의 콘텐츠로 60개가 넘는 채널을 운영하고 있다고 합니다.

그럼 조금 더 구체적으로 제가 활용하는 방법을 소개해 보겠습니다.

아이디어 메모하기

주제가 생각나면 메모 앱이나 카카오톡 나와의 대화, 노트 앱에 적습니다. 개인적으로 노션(Notion)을 활용하는 중인데, 어디서든 로그인을 통해 자료를 확인할 수 있고, 협업도 가능하며, 검색 기능이 매우 뛰어난 프로그램입니다. 이곳에 각종 아이디어를 모읍니다.

블로그에 대본 작성하기

대본은 메모 앱에서 작성하고 복사하는 형태가 아닌 블로그 글쓰기 폼 안에서 직접 작성합니다. 앞 챕터에서 말씀드렸던 것처럼 블로그 내에서 직접 작성하는 시간까지 파악하기 때문이고, 다 작성한 후에는 임시저장해 둡니다.

유튜브 영상 제작하기

대본을 토대로 녹음 후 영상을 제작합니다. 업로드를 할 때에 유튜브를 통해서도 사람들이 유입될 수 있게 설명란에 활용하고 있는 SNS, 블로그 계정을 모두 적어 둡니다.

유튜브 업로드 후에 영상 주소를 넣어 블로그 글을 발행하기

흥미가 생기셨다면 자세한 리뷰는 영상을 통해 확인해주세요^^

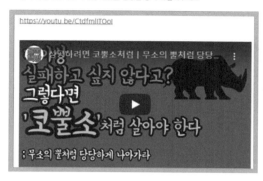

인스타그램 업로드하기

블로그에 올린 대본 중 앞부분 그리고 영상에서 활용한 화면 자료를 두세 개 캡처하여 인스타에 업로드합니다. 인스타의 경우 본문 링크는 클릭이 되지 않으니 프로필 링크에 주소를 적어두는 센스!

여기까지 제가 공부하고 연구하고 직접 운영하며 알게 된 것들 중 가장 기본적인 내용들, 기초가 되는 내용들을 아낌없이 풀었습니다. 기본이 가장 중요합니다.

마지막에 와서 뼈 때리고 싶지 않지만 사실 이 정도도 안 하고 유튜브를 하겠다면 차라리 시작하지 말라는 이야기를 전하고 싶습니다. 반대로 제대로 하고 싶다는 생각이 들었다면 진짜 제대로 한번 해 보세요. 한 번 사는 인생, 좋아하는 거 하면서 수익도 만들어 보는 겁니다. 유튜브처럼 공부한 만큼 공평하게 수익으로 이어지는 곳도 없습니다.

저도 아직 갈 길이 멉니다. 본업이 아닌 부업이다 보니 중간중간 지

"우리는 젖소야. 우리는 전력 질주할 수 없어. 그런 시도는 할 필요도 없어."

젖소들은 스스로 현실적이라고 말하지만 우리는 진실을 압니다. 그냥 무지하고 게으른 것이거나 아니면 자신의 실패를 합리화하려는 것이라는 걸 말이죠.

🦏반연에 코뿔소는 다릅니다. 우물쭈물하지않고 바로 목표를 향해 돌진합니다. 한 가지 목적을 가지고 불타는 욕망을 충족시킬 수 있는 곳에 모든 에너지를 집중하죠.

🦏여러분은 젖소처럼 살아가고 있나요? 코뿔소처럼 살아가고 있나요?

'무소의 뿔처럼 당당하게 나아가라'의 저자 스콧 알렉산더는 쉴새없이 코뿔소가 되어야 한다고 외칩니다.

코뿔소처럼 살아가는 방법에 대해 관심이 생기셨다면 👆프로필 링크 속 골목책방 유튜브🏠로 눌러오세요!

#책골을접다 #골목책방 #자기계발추천
댓글 6개 모두 보기

영상을 그대로 네이버 TV에도 올리고 음성만 추출해 팟캐스트에 올리면
영상 하나 만들고 본전 뽑기 대성공!

칠 때도 있고, 포기하고 싶은 마음, 새로운 채널을 만들어 보고 싶은 마음이 혼재합니다. 그래도 함께 해 봅시다. 이 파트를 읽은 모든 분들이 저와 함께 유튜브라는 경기장에서 관중 말고 선수로 활동하시기를 진심으로 바라고 또 바랍니다.

유튜브 핵심 체크리스트

핵심 체크 내용	확인
유튜브를 시작할 마음이 생겼는가?	
만다라트를 작성해 보았나?	
주제는 정했는가?	
같은 주제의 최고 유튜버 3명과 구독자 1,000명 유튜버를 찾았나? (콘텐츠 방식, 제목, 섬네일, 영상 흐름을 벤치마킹하자)	
준비물은 전부 준비했나?	
무료소스 사이트 전부 즐겨찾기해 놓았는가?	
구글 계정은 만들었나?	
채널은 개설했나? 채널명은 마음에 드는가?	
채널아이콘과 채널아트를 만들었나?	
대본을 작성해 보았나? 문장 기술을 잘 활용했나?	
촬영은 해 보았는가? 아마 계속 다시 찍고 있지 않은가? (당연하다. 걱정 말고 계속 반복하자.)	
스마트폰 편집 영상을 시청하였나?	
미리캔버스를 이용해 보았나?	
같은 내용을 담은 다른 사람의 섬네일을 확인했나?	
키워드 마스터에서 소형키워드를 찾았나?	
첫 영상에 신중을 기했나?	
채널을 커뮤니티를 통해 홍보했나?	
유튜브 스튜디오를 이용해 채널을 분석해 보았나?	
유튜브 외에 다른 곳에도 콘텐츠를 올려 보았나?	

인터뷰이: **전OO / 30대 / 공무원**
구독자 2만 채널 운영 중. 다양한 대외 활동.

Q1. 유튜브를 시작하게 된 계기가 있나요?

▶ 기타 연주를 취미 삼아 하면서 유튜브를 보고 많이 따라하곤 했었는데, 커버 영상을 보니 '나도 저 정도는 칠 수 있겠는데?' 하면서 노래와 기타 영상을 올리기 시작했습니다.

▶ 신문 기사에서 본 대형 유튜버의 수익을 본 게 시발점이었습니다. 바로 서점에 가서 유튜브와 관련된 책을 닥치는 대로 읽기 시작했고 무엇보다 시작하는 게 중요하다는 말에 유튜브에 관심 있는 사람들과 함께 각자의 채널을 만들고 영상을 올리고 서로 피드백하기 시작했습니다.

Q2. 발전이나 수익, 브랜딩 측면에서 만족하나요?

▶ 유튜브 콘텐츠를 제작하기 시작하면서 퍼스널 브랜딩을 본격적으로 시작하게 된 것 같아요. '나'를 콘텐츠화해서 채널을 운영하려면

나만의 캐릭터도 설정해야 하고, 어떤 콘텐츠를 제작해야 할지 구상하면서 유튜브라는 시스템 안에 새로운 '나'를 만들어 가는 것이니까요. 스스로에게 굉장한 발전적 요소로 작용했고, 수익적인 부분까지 연결되는 것을 경험하면서 퍼스널 브랜딩, SNS 마케팅의 중요성을 알게 되었습니다.

▶ 사실 유튜브 자체의 수익은 많지 않습니다. 특히 공무원이기 때문에 브랜디드 광고와 같은 추가적인 수익이 불가능해서 아쉽긴 합니다. 하지만 제가 만든 콘텐츠가 누군가에게 도움이 되고 또 시간이 흐를수록 제 실력 역시 한층 업그레이드되어 감을 온몸으로 느끼고 있습니다. 이는 다시 자신감으로 이어지고 또 다른 도전, 더 많은 시도를 할 수 있게 해 주었어요. 정말 만족합니다. 특히 제 채널 이름 자체로 저를 설명할 수 있는 퍼스널 브랜딩이 가능해져서 기쁩니다. 아직은 미약하나 장기적으로 큰 무기가 되어줄 거라고 확신합니다.

Q3. 유튜브를 하면서 좋은 점이 있다면?

▶ 나만의 포트폴리오를 쌓을 수 있다는 점, 끊임없이 나를 생산적으로 만들어 내면서 발전한다는 점, 사람들과 소통하면서 유익한 에너지를 만들고 선한 영향력을 함께 공유할 수 있다는 점.

▶ 유튜브가 아니었다면 전혀 공부하지 않았을 미지의 세계를 탐험

하는 즐거움이 있습니다. 마케팅, 웹디자인, 브랜딩, 영상 편집 등의 다양한 분야를 억지로 공부하는 게 아닌 진짜 끓어오르는 열정과 에너지로, 즐거운 마음으로 공부할 수 있어서 행복합니다. 지루한 쳇바퀴 같았던 일상이 이제는 무엇을 배워야 할지 고민하고 도전하는 시간으로 가득 채워지고 있어요. 그것만으로 충분히 대만족합니다(물론 수익이 늘수록 치킨을 용기 있게 시키게 된 것도 기쁩니다).

Q4. 유튜브를 하면서 아쉬운 점이 있다면?

▶ 시간 분배, 우선순위 조절의 문제로 꾸준히 콘텐츠를 제작하는 데 어려움이 있습니다. 시간도 많이 들고 노력도 많이 들기 때문에 다른 업무에 쫓길 때면 소홀해지는 경우가 있어서 아쉬울 때가 많아요. 두근거리는 아이디어를 만나도 부담스러운 인풋 때문에 실행하지 못할 때가 아쉽습니다.

▶ 단순히 자기만족 수준에서 벗어나지 못하고 있는 게 아쉬워요. 다양한 기업이나 사람들과 협업도 하며 더 강력한 브랜딩을 해 보고 싶은 욕심이 있는데 공무원이라는 이름에 제가 너무 얽매이고 있진 않은지 이 질문에 답을 하며 고민해 보게 되네요.

▶ 직장인 2대 허언이 있습니다. "퇴사할 거야." 그리고 "유튜브 할 거야." 그런데, 유튜브를 정말 하는 사람은 열 명 중 한 명꼴도 안 되지요. 하지만 유튜브를 시작해서 당장의 수익을 바라보는 것이 아니라 나 또는 내가 좋아하는 것을 표현하고, 콘텐츠화하면서 성취하는 것을 즐기다 보면 처음엔 보이지 않았던 더 큰 가능성을 볼 수 있게 될 겁니다. 가장 쉬운 것부터, 가장 지속할 수 있는 것을 찾아 시작해 보세요. 유튜브는 더 나은 나를 만들 수 있는 공간입니다.

▶ 유튜브를 시작하기 전에도 그리고 열심히 하는 지금도 항상 고민은 있습니다. 하지만 고민의 방향이 생산적이라는 것이 큰 차이죠. 그 자체만으로 삶의 활력이 생깁니다. 여러분이 취미가 있다면, 좋아하는 분야가 있다면 그 분야에서 한층 더 실력을 업그레이드하는 기회이기도 해요. 운이 좋다면 더 넓은 세상으로 나아갈 수 있는 발판이 되어줄 수도 있고요.

망설이지 않았으면 좋겠습니다. 꾸준히 할 수 있는 분야를 찾아 자신만의 길을 만들어 가세요. 공무원의 역할도 너무나 중요하지만 우리는 언젠가 은퇴를 하게 될 것이고 그때 자신만의 브랜드 또는 이름 석 자로 더 멋진 삶을 영위해 나갈 수 있다면 당연히 도전하는 게 맞지 않을까요? 그 첫 번째 도전으로 유튜브, 무조건 추천합니다.

2

책으로 나라는 브랜드 키우기

1) 반드시 책을 써야 하는 이유

아이슬란드에서는 책을 한 권 이상 출간한 사람이 전체 인구의 10%나 된다고 합니다. 그만큼 많은 사람이 책을 쓰는 즐거움과 감동을 느끼고, 책 쓰기의 이로움을 인식하고 있다는 의미입니다. 저 역시도 책을 쓰는 행위가 주는 이득이 굉장히 많다고 생각합니다.

처음에는 단순히 호랑이는 죽어서 가죽을 남긴다는데 나는 죽기 전에 어떤 걸 남길 수 있을까, 블로그 글과 유튜브 영상도 좋지만 내 이름으로 된 책 한 권 남길 수 있다면 얼마나 좋을까, 하는 생각으로 책 쓰기를 연구하기 시작했습니다. 글쓰기, 출간 방법 등에 관한 책도 여러

권 읽어 보고, 강의도 들어 보고, 다양한 주제로 글을 쓰기 시작했습니다.

그 과정에서 책 쓰기는 단순히 이름을 남기기 위해서가 아니라 나를 더 깊게 만들어 주는, 더 넓은 세상과 연결시켜 주는 분야라는 생각을 하게 되었습니다. 지금부터 차근차근 여러분이 책을 써야 하는 이유와 책 쓰기를 통해 수익화하는 방법들에 대해 소개해 드리겠습니다.

책을 써야 하는 이유

첫째, 겸직 허가 없이도 출간이 가능합니다.

우선 공무원분들이 겸직 허가를 받을 필요 없이 가장 당당하게 할 수 있는 N잡 방법이 바로, 책 쓰기입니다. 규정에는 '책 출간 시 일회성 저술·번역 등 행위는 겸직 허가 대상 업무에 해당하지 않으나 행위의 지속성이 인정된다면 소속 기관장의 겸직 허가를 받아야 한다'라고 기재되어 있습니다. 쉽게 말해 첫 도전이라면 겸직 허가 없이도 책 출간이 가능하다는 의미입니다. 겸직 허가를 받는 것 자체가 공무원들에게는 큰 부담으로 다가오기 때문에 이 부분이 책 쓰기의 큰 매력이 아닐까 생각해 봅니다.

둘째, 브랜딩과 포트폴리오에 적합합니다.

책을 한 권 쓴다는 건 그 순간부턴 공식적으로 '작가'라고 불리게 된다는 의미이고, 이는 나를 '한 분야의 전문가'로 브랜딩하기에 좋습니다. 예를 들어 주식 관련 책을 출간했다면 그 사실만으로 대중에게 주식을 잘하는 사람으로 인식이 됩니다. 또 자신의 포트폴리오에 특정 분야의 책을 한 권 적어 낸다는 건 신뢰도를 확 높이는 역할을 할 수 있습니다. 게다가 책을 쓴 작가에게 출강의 기회가 많이 주어진다는 건 이미 많은 분들이 알고 계실 겁니다.

셋째, 하나의 주제로 글 쓰는 경험과 깊이 있는 공부가 가능합니다.
우선 200자 원고지 기준으로 600매를 써 보세요. 워드프로세서에서 control+Q+I 키보드 자판을 함께 누르면 원고의 분량이 몇 매인지 알 수 있습니다. 책을 쓰는 과정은 사람의 사고를 성장시킵니다. 한 주제에 대해 긴 글을 쓰려면 집중력과 인내력이 필요하고, 다방면에서 검토해야 할 사항들이 생기게 됩니다. 또한 던지려는 메시지에 대해 다른 사람이 어떻게 비판할지를 예상하고, 그에 대한 재반박을 준비하게 됩니다. 그 과정에서 처음의 주장이나 자기 자신 역시 다른 시선으로 보게 되겠지요.

넷째, 다채로운 즐거움을 경험할 수 있습니다.
작가의 일에는 주변을 둘러보고 무엇을 쓸지 고민하는 것도 포함되기 때문에 일상을 더 다채롭게 만들 수 있습니다. 책 쓰기는 독특한 충족감을 줍니다. 인간의 본능은 모래 놀이나 레고 놀이와 같은 창작의 즐거움을 갈구하는 특성이 있습니다. 다시 말해 세상에 없던 것을 만드는 데에서 오는 즐거움을 원하는 욕망이 있습니다. 이러한 창작의 욕망이 사라진 사회에서는, '내가 의미 있는 것을 만들어 내고 있다'는 감각이 중요해집니다. 책 쓰기는 돈도 안 들고, 대단한 장비도 필요하지 않고, 날씨의 영향도 받지 않는 좋은 취미입니다.

다섯째, 누구나 도전할 수 있습니다.

책 쓰기는 전문가의 영역이라고 생각하는 분들이 있습니다. 하지만 알고 보면 책 쓰기만큼 모두에게 열려 있는 분야도 없습니다. 작가는 특정 학위가 필요하다거나 자격증을 따야 하는 일이 아니기 때문입니다. 물론 있으면 유리하긴 할 겁니다. 또 인기 있는 베스트셀러를 쓰는 일은 쉽지 않지만 책 한 권을 내는 일은 책을 써야겠다는 마음과 몇 가지 방법만 더한다면 누구나 해낼 수 있습니다. 자비 출판도 가능하고, 블로그, 인스타그램과 같은 SNS에 글을 쓰다 보니 책을 내어 작가가 되는 경우도 많습니다.

책을 잘 쓰는 방법

책과 강의를 통해서, 그리고 직접 글을 써 보며 느낀 점은 결국 다독·다작·다상량이 가장 중요하다는 겁니다. 많이 읽고, 많이 써 보고, 많이 생각하는 것. 책을 써보고 싶은 분들은 보통 구체적인 글쓰기 방법들에 대해 해답을 찾고 싶어 합니다. 제가 그랬고, 함께 공부하던 분들이 그랬거든요. 그렇게 찾은 방법들에는 '문장을 짧게 끊어 써라, 글의 앞부분에서 독자의 마음을 훔쳐라, 적절한 비유를 사용해라, 문장의 호응관계를 잘 고려해야 한다' 등이 있었습니다. 하지만 이런 세부적인 것들은 말 그대로 세부적인 것일 뿐. 진짜 중요한 건 내가 쓰고 싶은 것들을 찾아보고, 망설일 시간에 일단 직접 써 보고, 책을 많이 읽으며 문체나 아이디어를 얻고, 거기에 내 생각을 더해가는 행위를 하는 것이었습니다. 특히 그중에서 일단 쓰는 게 가장 중요합니다.

작가가 되는 법

앞서, 쓰다 보면 작가가 될 수 있다고 이야기했지만 확률을 높이기 위해서는 조금 더 구체적으로 알아둘 필요가 있습니다. 우리가 도전해 볼 수 있는 방법은 브런치 스토리 작가, PDF 전자책, 일반 단행본, 자가 출판이 있습니다. 그렇게 작가의 조건을 갖추면 책을 통해 다양한 협업, 강의로 수익을 확장해 나갈 수 있습니다.

우선, 브런치 스토리는 다양한 출판사 관계자들이 주목하는 글쓰기 플랫폼으로, 이곳에 글을 쓰기 위해서는 '작가 승인' 과정을 거쳐야 합니다. 이 과정만으로도 본인의 글쓰기 실력을 확인해 볼 수 있고, 출판사 입장에선 한 번 검증받은 사람들의 글만 모아서 볼 수 있다는 장점이 있습니다.

다음으로 PDF 전자책은 유튜브하는 법, 블로그 운영법처럼 자신만의 노하우를 A4 기준 20페이지 이상 작성하여 이를 PDF로 판매할 수 있는 방식입니다.

우리가 보통 서점에서 만나볼 수 있는 일반 단행본과 인터넷 서점의 전자책은 출판사와 출간 계약을 맺거나 자가 출판 과정을 통해 나오게 됩니다. 원고 투고, 출판사 미팅, 계약, 원고 작성, 퇴고, 디자인, 마케팅 등 여러 가지 과정을 거치게 되는데 출판사와의 작업에 대해서는 추후 상세히 설명하겠습니다.

혹시 어렵게 느껴지셨나요? '당신의 삶을 기록하면 하나의 작품이 된다'라는 말처럼 책 쓰기를 우리의 삶을 기록하는 일로 생각하고 접근한다면 마음의 장벽을 넘을 수 있을 거라고 생각합니다.

2) 브런치 작가가 되는 법 A to Z

브런치 스토리는 평범한 사람이 출판사와 연이 닿을 수 있는 글쓰기 플랫폼으로 '작가 승인'을 받아야 글을 쓸 수 있습니다. 승인 과정이 쉽지 않지만, 책을 쓰고 싶다면 도전해 볼 만한 이유가 몇 가지 있습니다. 우선 브런치북 출판 프로젝트입니다. 일 년에 한 번 브런치북 출판 프로젝트라는 이름으로 브런치 작가들에게 책 출간 기회를 제공합니다. 또 프로젝트에 입상하지 못하더라도 꾸준히 글을 쓰다 출판사에 눈에 띄어 책을 쓰게 되는 경우도 많습니다. 그만큼 브런치 스토리라는 플랫폼에 출판 관계자분들의 관심이 쏠려 있다는 의미입니다.

책을 좋아하는 사람이라면 한 번쯤은 들어 본 『90년생이 온다』, 『하마터면 열심히 살 뻔했다』, 『무례한 사람에게 웃으며 대처하는 법』 등 다수의 베스트셀러 모두 브런치 스토리에서 발굴된 책입니다. 이만하면 도전해 보고 싶은 욕구가 솟아나지 않나요?

게다가 최근에는 작가 활동만으로도 수익화할 수 있는 길을 열어주기 위해 '응원하기', '스토리 크리에이터' 등 다양한 시도를 해 나가고 있으니 이것 역시 기대해 볼 만합니다.

브런치 작가 승인 받는 법

저는 놀랍게도 무려 열 번의 불합격 끝에 브런치 작가에 합격했습니다. 그만큼 무턱대고 덤볐다는 뜻이기도 하고 또 그만큼 공부하며 성장했다는 의미이기도 하겠죠? '브런치 스토리란 무엇인가?' 정답이 없는 이 문제에 제 경험과 브런치 합격자들의 노하우를 엮어 브런치 합격 팁을 나눠 보려고 합니다.

첫째, 브런치는 에세이가 대세입니다. 브런치에 올라오는 인기 있는 글들은 대부분 에세이입니다. 다양한 직종에 종사하는 분들의 특색을 살린 에세이, 또는 아주 평범한 일상 같지만 그 안에서 보물 같은 깨달음이나 느낌을 글로 푸는 분들이 많습니다. 회사 생활을 잘 헤쳐 나가는 법, 투자에 관한 글, 서평도 많지만 글의 주제에 차이가 있을 뿐 대부분 에세이 식으로 글을 풀고 있습니다.

둘째, 쓰고 싶은 소재보다 독자들이 관심 가질 소재를 찾아 보세요. 탈락했던 글과 합격한 글을 비교해 보니 해답이 극명히 드러났습니다. 처음에는 그저 내가 하는 수많은 딴짓에 대해서 풀고 싶었습니다. 그런데 지금 생각하면 서른 살 평범한 직장인이 평범한 딴짓을 하는 이야기에는 아무도 관심이 없는 게 당연한 일이었습니다. 만약 딴짓으로 큰돈을 벌었다면 상황이 달라지겠지만 말이죠! 그래서 일상 속에서 독자들이 눈을 번뜩일 만한 주제를 생각하기로 했습니다. 그러다 문득 소심한 사람의 극단에 있는 제가 그동안 해 왔던 관심종자의 모습들이 스쳐 지나갔습니다. 소심과 관종은 상반된 이야기다 보니 재미있게 풀 수 있을 것 같았고, 또 세상에 소심한 사람 참 많으니 그 사람들의 공감을 얻을 수 있지 않을까 생각했죠.

셋째, 중구난방 말고 한 가지 주제를 자세히 적어 보세요.

> 교실 속에서 아이들과 부대끼며 발견한 삶의 보물들을 나눕니다.
> 에세이 형식으로 인사말, 어울리는 방법 등 다양한 내용을 일주일에 한 편씩 발행할 계획입니다. 또 교실 밖 선생님이라는 에피소드로 제가 얇고 긴 삶을 살아가는 이야기에 대해서도 나눌 예정입니다.
> 걷기, 글쓰기, 수영, 축구, 모임 참여 등을 하며 찾은 일상의 아름다움을 적고자 합니다. 더 나은 삶을 원하는 사람들, 특히 가정의 화목을 원하는 부모님들과 조금 더 성장하고 싶은 30대가 제가 노리는 독자입니다.

이 글은 처음으로 작가에 도전했을 당시 적었던 내용입니다. 당시엔 단번에 합격할 것 같은 느낌을 받았지만 다시 읽어 보니 교실 이야기, 자기계발 이야기, 운동 이야기 등 누가 봐도 주제가 중구난방이라는 걸 알 수 있어요. 차라리 한 분야에 관해서 깊이 있게 이야기할 걸 그랬습니다. 수영에 관한 에피소드만 엮어서 책을 내신 작가님을 보고 놀랐던 기억이 있어서 더욱 그랬습니다. 실은 하나의 주제로 다양한 글을 쓸 자신이 없어서 꼼수를 부린 것이기도 했죠. 어쨌든 결국 누가 썼는지 주제가 뭔지 전혀 알아듣지 못하겠으니 바로 비승인 메일을 받게 되었습니다.

넷째, 어떤 글을 써 나갈 것인지 뚜렷하게 목차를 작성해 보세요. 합격했을 당시 제출했던 글의 목차 일부를 보여드리겠습니다. 브런치 신청 시 글 세 개를 제출하게 되는데, 제출하는 글 외에도 어떤 내용을 더 담을 것인지 구체적으로 작성하려고 노력했습니다. 물론 큰 주제 안에서 세부적인 내용을 적어 나가야 하는 건 당연하겠죠?

소심인의 관종생활이라는 주제로 글을 적으려 합니다.

제 안에 숨어있던 소심이들이 튀어나온 아버지가 돌아가신 사건을 시작으로 특유의 관종 방어기제로 삶을 헤쳐나가는 과정을 에세이로 적고 있습니다.
수백번 고민하다 장미꽃 100송이로 고백했지만 대차게 차인 이야기,
장기자랑은 꿈도 못꾸던 한 아이가 여장대회에 나가 1등한 이야기,
숫기도 없는 남자대학생이 여자속옷 알바를 하며 겪은 이야기,
남중남고 풋내기가 여초사회에 가게 된 이야기

소심하지만 관종스러운 면으로 살면서 만나는 고난과 어려움을 헤쳐나가는 자전적 에세이입니다.

다섯째, 평범한 일상 속에서 나만의 시선을 찾아보세요. 지금까지 이야기한 것들에서 느끼셨겠지만 사실 저 역시도 엄청나게 특별한 주제로 합격한 게 아닙니다. 그만큼 에세이라고 해서 무조건 특별한 뭔가가 있는 건 아니라는 생각이 듭니다. 우리는 누구나 비슷하지만 조금씩 다른 일상을 살아가고 있습니다. 그래서 어찌 보면 '별거 없네?' 하는 생각이 들 수 있죠. 다만 그 다름을 잘 살펴보고 그 속에서 재미있는 요소와

자신이 깨달은 점을 독자분들이 읽기 좋게 버무려 놓으면 좋은 에세이가 되지 않을까, 생각해 봅니다.

에세이 잘 쓰는 몇 가지 팁

그럼 지금부터는 구체적으로 에세이를 잘 쓰는 팁 세 가지를 알려드리겠습니다. 제가 정말 재밌게 읽은 이유미 작가의 『일기를 에세이로 바꾸는 법』에 나온 내용에 제 생각을 엮은 것이니 더 자세한 내용은 해당 책을 읽어 보시길 권합니다.

첫 번째 팁

"얘는 왜 일기를 여기에 썼어?"라는 말을 들으면, '그 사람에겐 왜 내 글이 일기로 느껴졌을까?' 하는 생각이 듭니다. 제가 내린 결론은 '그가 내 이야기에 공감하지 못했기 때문이 아니었을까?'였어요. 내가 겪은 일을 쓰면서도 거기서 얻은 나름의 의미가 있어야 했다는 거죠.

• 의미가 아무리 작고 사소해도 타인이 내 이야기에 공감할 수 있는 포인트가 있어야 한다는 것. 에세이와 일기를 구분 짓는 핵심입니다. 주저리주저리 일상을 나열하기만 한 글은 공감을 불러일으키지 못합니다. 아무리 사소한 일이라도 구체적으로 사례를 설명하고 또 그 사건을 통해 느낀 감정과 깨우친 것들을 솔직하게 나눠야 합니다. 물론 중간중간 가벼운 에세이도 필요하겠지만요. '강약중강약' 아시죠?

많은 분들이 특별한 글을 쓰고 싶어 합니다. 입버릇처럼 말합니다. 쓸 게 없다고. 우리는 소소하고 별것 아닌 이야기를 써야 해요. 그러면 더 자주 쓸 수 있습니다.

• 중요한 것은 대단한 것을 쓰려고 기다리지 말라는 거죠. 순간 스치듯 지나가는 감정, 생각, 아이디어 등을 흘러보내지 않아야 해요. 어떻게든 잡아서 적어 놓으세요.

글을 쓰려고 하면 괜히 뇌에 힘이 들어갑니다. 조금 더 특별한 이야기, 멋진 문장으로 사람들을 내 글에 풍덩 빠져들게 하고 싶은 욕심이 생기기 때문이죠. 물론 욕심이 나쁘다는 건 아닙니다. 다만 에세이 초보의 경우에는 엄청난 방해물이 될 수 있습니다. 최대한 가벼운 마음으로 친구에게 이야기하듯 손을 놀려야 하는데 온몸에 힘을 주고 똥폼을 잡으려다 보니 금방 피로해질 수밖에 없습니다. 피곤해지기 전에 일단 소소한 이야기를 씁시다. 소소하게.

세 번째 팁

다른 에세이를 뽑아 읽어 보세요. 에세이를 쓸 때 '뭘 쓰지?'라는 고민이 들 때가 있는데, 그럴 때 책장에서 다른 에세이를 뽑아 읽어 보세요. 그 작가가 쓴 주제를 가지고 나의 생각이나 경험을 써 보는 겁니다. 주제는 같아도 내용까지 같을 수는 없거든요.

・ 처음 글을 쓸 때 지금 쓰는 글이 내가 언젠가 출간할 책에 다 담길 거라는 말도 안 되는 상상으로 글을 썼습니다. 그러다 보니 뭘 써야 할지 막막하더라고요. 답답함에 몸부림치다 옆에 놓여 있던 은유 작가의 『쓰기의 말들』을 우연히 펼쳤습니다. 그런데 너무 재밌는 겁니다. 방식도 새롭고. 그래서 바로 비슷하게 글을 한 편 적어 본 적이 있습니다. (글 실력은 전혀 비슷하지 않았지만…) 그때 깨달았죠! 주제 없을 땐 다른 에세이 책 해킹하기! 너무 좋은 방법이 되어 줄 겁니다.

3) 전자책 작가가 되는 법 A to Z

PDF 전자책이 뭘까요? 쉽게 말해 자신만의 지식과 경험을 PDF 파일로 만들어 클래스101, 크몽, 탈잉과 같은 업체를 통해 판매하는 걸 말합니다. 대학 시절 '해피OOO'이라는 사이트에서 과제를 위한 참고 자료를 구입해 보셨나요? 그와 비슷한 서비스라고 생각하면 됩니다.

공무원이 PDF 전자책을 써도 될까?

가능합니다. 아직 초기 시장이기에 명확한 규정이 없긴 하지만 저자가 사업자 등록을 하지 않고 자신의 창작물로 플랫폼을 통해 판매한 것이기 때문에 기존 출판사를 통해 책을 낸 것과 다를 게 없습니다. 제가 처음 PDF 전자책을 도전해 보려고 마음먹었을 당시 인사혁신처에도 직접 확인한 내용입니다. 다만, 시장이 점점 커져 새로운 규정이 나온다면 그때 또 그에 맞게 대처하면 됩니다. 그럼 대체 어떻게 책을 써야 하는지 지금부터 세세하게 알아보도록 합시다.

일반 단행본과의 차이점

그럼 이 PDF 전자책은 일반 단행본과 다른 점이 무엇일까요? 왜 사람들이 종이책을 사지 않고 이름도 잘 알려지지 않은 일반인의 PDF 전자책을 사는 것일까요? 다섯 가지 이유로 정리해 보겠습니다.

첫째, 부담이 적습니다. 기존의 종이책은 대개 한글 기준 10포인트, A4 용지 100장 정도로 적어야 한다고 합니다. 반면에 PDF 전자책은 12포인트로 A4 용지 20~30장이면 충분합니다. 부담감이 확 줄어들게 되죠.

둘째, 누구나 도전할 수 있습니다. 자신만의 노하우를 글로 풀 수만 있다면 누구나 도전할 수 있습니다. 당연히 공무원도 가능하죠.

셋째, 수수료가 적습니다. 종이책은 대개 저자에게 돌아오는 금액이 책값의 8~10% 정도라고 합니다. 물론 종이책은 저자의 노고와 깊은 사유가 담겨 있고 든든한 명함이 되어 주지만 여기선 수익 측면에서만 비교해 봅시다. PDF 전자책은 판매액의 80%를 저자에게 돌려줍니다. 쉽게 말해 정가 20,000원의 책을 판매하면 종이책의 경우 약 2,000원, PDF 전자책의 경우 약 16,000원의 수입이 발생하게 되는 것이죠.

넷째, 판매처가 늘어나고 있습니다. PDF 전자책 시장이 점점 더 커지면서 판매할 수 있는 플랫폼이 많아지고 있습니다. 초기에는 탈잉,

크몽, 프립과 같은 프리랜서들의 노하우 전수 플랫폼이 유명했었지만 지금은 클래스101, 네이버 프리미엄 콘텐츠, 펀딩 플랫폼 와디즈 등에서도 PDF 전자책 판매가 가능합니다.

다섯째, 경쟁자가 적습니다. PDF 전자책의 양이 예전보다 많이 늘긴했지만 아직은 도전해 볼 만한 수준입니다. 그리고 직접 여러 권 읽어본 결과 정성이 담긴 전자책이 많지 않습니다. 이 말은 제대로 정성 들여 만들고 열심히 홍보한다는 전제하에, 한 권이 아닌 꾸준히 종수를 늘리며 새로운 파이프라인을 구축할 수 있다는 뜻입니다.

주제 정하는 법

"저는 팔 지식이 없는데요?"

PDF 전자책의 주제는 심오할 필요가 없습니다. 그저 사람들의 문제를 해결해 줄 수 있는 주제면 됩니다. 예를 들어 제주도 한 달 살기를 위해 조사하고 계획하고 한 달 동안 일정을 잘 마무리하고 돌아왔다? 그럼 그게 하나의 주제가 될 수 있습니다. 제주도 한 달 살기를 꿈꾸는 사람들을 위한 가이드북이라는 이름은 듣기만 해도 설레지 않나요?

이처럼 경험이나 공부한 내용 또는 여러 경로로 체득한 노하우가 있다면 목차를 적어 보고 글로 풀면 됩니다. 『N잡하는 허대리의 월급 독립 스쿨』에는 "이런 주제면 좋다"며 추천 주제가 나와 있어 정리해 드립니다.

첫째, 돈을 더 벌게 해 주는 지식

> ex. 공무원이 부업으로 월 100만 원 부수입 만든 노하우

둘째, 일을 더 잘하게 만드는 지식

> ex. 아이패드로 수업자료 만드는 방법

셋째, 외모를 더 향상시키는 지식

> ex. 마른 사람들을 위한 30분 홈트레이닝 루틴

넷째, 즐거움을 주는 지식

> ex. 인스타그램 감성 여행 사진 찍는 방법

다섯째, 삶을 더 나은 방향으로 만드는 지식

> ex. 지식 습득 속도를 세 배 늘려 주는 독서 습관

여섯째, 귀찮음을 해결해 주는 지식

> ex. 혼자 여행하는 사람을 위한 제주도 여행 루트

본격적인 PDF 전자책 쓰기

첫째, 주제 정하기

여전히 주제를 무엇으로 해야 할지 여전히 감이 안 오는 사람을 위해 한 가지 팁을 소개합니다. 전자책 플랫폼에 가서 어떤 상품이 있는지를 살펴보세요. 인기 있는 전자책 주제는 무엇인지 분석하고, 만약 그 주제를 여러분이 쓴다면 어떤 차별화된 내용을 담을 수 있을지에 대해 고민해 봅시다.

만약 네이버 블로그 운영법에 대해 적고 싶다면 1일 1 포스팅하는

구체적인 노하우, 상위노출을 부르는 블로그 키워드 잡는 법, 체험단 말고 블로그로 수익 내는 노하우 등 현재 성황리에 판매되고 있는 주제를 참고하되 차별화된 방향을 잡으면 됩니다.

둘째, PDF 전자책 판매처 알아보기

현재 저는 크몽에서 PDF 전자책을 판매하고 있습니다. 이 플랫폼을 선택한 건 분량 제한이 30페이지라는 사실이 제일 컸는데요. 플랫폼마다 원하는 분량과 문서 작성 기준이 다르기 때문에 반드시 확인해 보아야 합니다.

주문이 들어오면 구매자에게 직접 전자책을 전달해 주는 시스템이라 판매 등록만 해 두면 그 이후에는 특별히 할 일이 없습니다. 정말 편리하죠. 또 하나의 전자책을 여러 플랫폼에 올리는 것도 방법입니다.

셋째, 전자책의 형태

PDF 전자책은 워드프로세서 또는 PPT 파일, 최근에는 노션으로 만드는 방법 등이 있습니다. 판매처별 요구하는 툴 중에 자신이 주로 활용하는 문서 툴을 선택해서 만들면 됩니다.

넷째, 제목과 목차

제목과 목차를 정해 두고 글을 작성하면 방향성을 잃지 않는다는 장점이 있습니다. 물론 처음 계획한 대로 완성되는 경우는 거의 없지만 미리 적어둔 제목과 목차는 전자책의 네비게이션 역할을 톡톡히 해 줄 겁니다.

이때도 역시 인터넷 서점의 베스트셀러를 분석해 보면 좋습니다. 제가 쓴『한 권으로 끝내는 유튜브 핵심 가이드북』역시 제목과 목차를 정할 때 유튜브 관련 베스트셀러 도서를 참고했습니다. 인터넷 서점에 '유튜브'라고 검색해서 나오는 책 중에 판매량이 높은 책들의 제목과 목차를 쭉 읽어 보고 어떤 순서로 글을 작성했는지, 어떤 제목으로 사람들의 이목을 끌었는지 파악했습니다.

다섯째, 내용 작성하기

PDF 전자책의 경우 주로 휴대폰이나 컴퓨터로 글을 읽는 경우가 많기 때문에 가독성을 높이기 위해 문장과 문단을 짧게 끊어 설명하는 게 좋습니다. 직접 활용한 방법을 말씀드리자면 꼭 필요한 내용이 아니라면 한 챕터에 2페이지가 넘지 않게, 한 문단에 다섯 줄이 넘지 않게 신경 썼습니다. PDF 전자책은 주로 구체적인 노하우를 원하는 사람들이 구입하기 때문에 이론적인 내용보다는 실용적인 내용, 실제적인 예시에 신경 써야 합니다.

여섯째, 시간 관리 방법

전자책을 써 보겠다는 마음을 먹었고 주제를 정했다면 바로 실행해서 단기간에 마무리해 버리는 게 좋습니다. 제목과 목차를 정해 두고 차일피일 미루다 한 달이 지나 내용을 적기 시작했던 기억이 나는데요. 마음먹었을 때 뿌리를 뽑아 버리세요. 하루에 한두 시간만 투자하면 일주일이면 작성할 수 있습니다. 그 후 일주일 동안 글을 읽어보며 불필요한 부분은 없애고 잘 읽히지 않는 문장은 수정하고 추가할 내용을 추가해 보세요. 직접 소리 내어 읽어 보면서 퇴고를 하면 어느 문장이 어색한지 쉽게 알아차릴 수 있습니다.

일곱째, 상세 페이지 작성 요령

아무리 좋은 책을 작성했다고 해도 상세페이지와 홍보가 제대로 이루어지지 않는다면 판매로 이어지지 않습니다. 사실 이것도 정답은 정해져 있습니다. 바로 벤. 치. 마. 킹. 잘 판매되고 있는 전자책의 상세페이지를 살펴보셔야 합니다. 어떤 문구를 써서 사람들을 끌어오는지 읽어 보고 마음에 드는 문구는 꼭 노트나 메모 앱에 적어 두세요. 그리고 그걸 자신의 콘텐츠에 맞게 수정해서 적극적으로 활용하면 됩니다.

최근, 전자책 시장이 활성화되면서 상세페이지 안에 꼭 들어가야 할 내용을 알려 주고 있습니다.

- 전문가 소개
- 이 책이 필요한 사람
- 이 책이 필요하지 않은 사람
- 자주 묻는 질문
- 추가 혜택(선택)

- 목차
- 미리보기 5장
- 전문가 경력
- 최근 업데이트/분량 등등

혹시나 하는 이야기지만, 괜히 책을 더 많이 판매하고 싶은 욕심으로 책에 없는 내용을 작성한다거나 과장하는 어리석은 행동은 해선 안 됩니다. 욕심은 금물입니다.

여덟째, 홍보 방법

활동하고 있는 SNS 계정을 적극적으로 활용해야 합니다. 여러분이 책을 산다고 가정해 봅시다. 저자의 경력이나 글을 미리 살펴볼 수 있다면 더욱 좋지 않을까요? 또 혜택을 제공해서 판매자 후기를 유도해야 합니다. 저도 제 유튜브 전자책을 읽고 후기를 남겨 주시는 분들에게 블로그 전자책 요약본이라는 추가 자료를 제공했습니다. 이렇게 실제로 제공할 수 있는 혜택을 미리 준비한다면 판매율도 올라가고 후기도 쌓을 수 있습니다.

　마지막으로 판매처의 광고 시스템을 활용하는 방법도 있습니다. 다만 광고 효율에 따라 가격이 천차만별이기 때문에, 자신의 콘텐츠에 자신이 있고 첫 투자 금액도 넉넉하다면 광고를 이용하는 것도 고민하셨으면 합니다.

아홉째, 후기가 답

여러분은 배달 음식 앱을 이용할 때 뭘 보시나요? 다른 건 안 보더라도 후기는 꼭 보게 됩니다. 그만큼 후기가 중요하다는 의미입니다. 소비자들은 냉정합니다. 판매 0건의 전자책이 되지 않도록 지인 찬스, SNS 이벤트, 다양한 혜택 제공을 통해 꼭 후기를 받아야 합니다.

열째, 저작권 문제 주의

모든 책은 저작권 문제가 발생할 수 있습니다. 그래서 저작권 명시를 반드시 해 주어야 합니다. 책 속 내용을 작성할 때도 타인의 저작권을 침해하지 않도록 문구 사용부터 사진 파일을 활용할 때 반드시 저작권을 확인하고 작성해 주세요. 또 자신의 콘텐츠를 지키는 저작권 보호 문구를 표지에 적어 두는 것도 좋은 방법입니다.

4) 일반 단행본 작가가 되는 법 A to Z

2023년과 2024년, 두 권의 단행본 계약을 하게 되면서 정식 책 출간에 대한 노하우도 나눌 수 있게 되었습니다. 여기서 이야기하는 정식 책이라 함은 출판사와의 계약을 통해 ISBN(국제표준도서번호)이 붙은 도서를 출간함을 의미합니다.

책 출간은 원고 투고, 출판사 미팅, 계약 그리고 편집자님과의 협의 및 추가 보완 과정을 통해 진행됩니다.

원고 투고 및 기획안 제출

제가 원고를 투고하고자 알아보았던 출판사들은 대부분 되도록 완성에 가까운 원고를 원했고, 부득이한 경우 목차를 포함해 전체 분량의 30% 이상을 보내 달라는 요청을 했습니다. 이때 원고와 함께 기획안을 보내야 하는데 출판사별로 정해진 틀을 제공해 주지 않았기에 출판사별로 꼭 넣어야 하는 내용에 '내가 출판담당자라면 어떤 내용이 들어가야 책에 관심이 갈지' 고민해 본 내용을 추가해서 작성하였습니다.

'제목(가제), 분야, 주제, 기획 의도, 예상 독자, 핵심 콘텐츠, 경쟁 도서, 차별화 요소, 목차, 마케팅 포인트, 저자 소개(연락처 포함)'

원고와 기획안이 완성되면 출판사에 원고를 투고해야 합니다. 이때에는 가리지 말고 모든 출판사에 다 보내야 한다고 주장하는 사람들도 있으나 저는 제가 쓰고자 하는 책의 주제로 출간 경험이 많은 출판사나 평소 개인적으로 좋은 책을 많이 출간한다고 생각되는(나와 결이 맞는) 출판사에 우선적으로 보냈습니다. 그 이후에 미팅이 이루어지지 않으면 다른 출판사에 연락해 보겠단 생각이었습니다. 운이 좋게 그 안에서 출간 계약이 이루어졌습니다.

요즘은 방문 접수나 전화 투고는 대부분 받지 않고, 주로 메일이나 자체 홈페이지에 원고 및 기획안을 제출하는 경우가 많습니다. 출판사 홈페이지를 검색하거나 출판사에서 출간한 책의 맨 앞장이나 맨 뒷장을 살펴보면 이메일 주소를 쉽게 구할 수 있습니다.

출판사 미팅

원고를 투고 후 검토를 거쳐 대부분 한 달 이내에 출판 담당자의 연락을 받게 됩니다. 출판사별로 검토 기간과 검토 결과 안내 방법은 상이하니 꼭 직접 확인해 봐야 합니다. 출판사와 내 글이 결이 맞으면? 미팅 날짜를 잡게 됩니다.

물론 출판사 미팅을 한다고 해서 무조건 계약으로 이어지는 것은 아닙니다. 그저 내가 작성한 글에 관심이 생긴 출판 담당자와 조금 더 디테일한 이야기를 나누는 과정이라고 생각하면 됩니다. 그래도 내 콘텐츠에 마음이 열린 분과 대화하는 것이기에 면접보단 가벼운 마음으로 만나되, 그래도 내 콘텐츠를 단단하게, 확실하게 설명할 수 있어야 합니다.

미팅에선 콘텐츠에 대해 더 세세히 이야기 나누고, 인세, 1쇄 부수와 같은 계약 내용, 출간 일정, 출간 후에 해야 할 일 등에 대해 조율하게 됩니다.

출간 계약

먼저 인세에 대해 알아보겠습니다. 보통 인세는 책 가격의 10% 내외로 계약을 하는데, 처음으로 책을 출간하는 작가의 경우 그보다 조금 낮은

7~8%의 인세로 계약을 하는 경우도 있습니다. 계약금(선인세) 여부나 세부 금액 조정, 출간 후 인세 정산 방법 등은 출판사별로 모두 다르기 때문에 담당자와의 협의를 통해 조율할 필요가 있습니다.

직접 출간 계약을 하며 느낀 점은 세부적인 금액, 조건도 물론 중요하지만, 내 이야기에 진심으로 관심이 있고, 콘텐츠를 잘 다듬고 풀어줄 수 있는 담당자를 만나는 게 더욱 중요하다는 것입니다. 담당자분이 그동안 작업한 결과물들도 근거가 될 수 있지만 사실 몇 번의 만남으로 완벽하게 판단하긴 쉽지 않죠. 그럼에도 불구하고 대화를 나누며, 의견을 조율하며 느껴지는 내 콘텐츠에 대한 관심, 열정, 욕심(?)을 반드시 확인하려고 노력해야 합니다.

계약 과정은 주로 전자서명 방식으로 이루어지는데 미팅 시 이야기 나누었던 내용들이 계약서에 제대로 담겨 있는지 반드시 확인해야 합니다. 또 계약을 한 이후에는 출판사와의 약속을 잘 지키는 것도 작가의 미덕이 아닐까 생각해 봅니다.

편집자와의 협의

최종 원고를 보낸 후 편집자님의 검토와 몇 회의 수정을 거쳐 내 이야기가 작품으로 완성이 됩니다. 제목부터 목차 구성, 디자인, 내용 검증 등을 하게 되죠. 나의 시선에서 쓴 글과 편집자님의 시선으로 읽는 글은 다르게 느껴질 수밖에 없기 때문에, 둘 다 만족할 수 있는 책이 될 수 있도록 서로를 신뢰하고 작가는 작가로서, 편집자는 편집자로서 할 수 있는 역할을 최대한 믿고 맡길 필요가 있습니다.

출간 이후

이제는 출판사와 작가가 함께 홍보하는 시대입니다. 2022년 장기 베스트셀러였던 『역행자』의 작가 '자청' 역시 자신의 채널, 브랜드를 통해 지속적으로 책을 홍보했죠. 이미 자리 잡은 작가도 자신의 이야기를 알리기 위해 최선을 다하는데, 여러분이 초보 작가라면 더 열심히 움직여야 하지 않을까요?

　이미 운영하고 있는 블로그나 유튜브가 있다면 홍보 콘텐츠, 이벤트 게시물을 활용할 수 있고, 또 다양한 유튜브 채널에 출연 문의를 넣어 인터뷰를 할 수도 있습니다. 또 온·오프라인 가리지 않고, 플랫폼을 가리지 않고 금액의 여부와 상관없이 북토크, 강연을 진행한다면 이는 책 홍보뿐만 아니라 저자의 이름도 널리 알릴 수 있는 좋은 기회가 될 것이라 확신합니다.

5] 인터뷰: 책 쓰는 공무원

인터뷰이: **권OO / 30대 / 공무원**
　　　교육 관련 도서 출간. 현재 육아휴직 중.

Q1. 책을 쓰게 된 계기가 있나요?

▶ 대학원 지도 교수님과 동기들의 제안으로 시작하게 되었습니다.

Q2. 발전이나 수익, 브랜딩 측면에서 만족하나요?

▶ 발전 면에서는 만족합니다. 책 쓰기가 상당히 까다롭고 고통스러운 과정이고, 부단히 노력해야 하는 시간이 필요한 일이기에 스스로 단기간에 많이 성장했다는 생각이 들어요. 하지만 수익적인 면에선 만족스럽다고 말하긴 어렵네요. 책 쓰기는 모 작가가 이야기했듯 가장 가성비가 떨어지는 일입니다. 만약 돈을 벌고 싶다면 강의를 많이 뛰어야 합니다.

Q3. 책을 쓰면서 좋은 점이 있다면?

▶ 한 분야에 대해 파고들어 공부해 보고, 소비자의 측면에서 생각

하여 나의 지식이나 정리할 수 있다는 점. 그리고 나의 책을 통해 교육적인 효과를 보는 사람들 있다는 점이 좋았어요.

Q4. 책을 쓰면서 아쉬운 점이 있다면?

▶ 사실 수익을 생각하지 않았던 게 아니기에 생각보다 적은 수익에 놀랐습니다. 투자한 시간과 노력에 걸맞은 수익이 따라올 수 있다면 더 좋지 않을까 생각합니다.

Q5. 책을 쓰고자 하는 사람들에게 해 주고 싶은 조언이 있다면?

▶ 자기 발전의 면에서는 확실히 도움이 됩니다. 출간하는 과정에서 출판사의 중요성에 대해서도 많이 느꼈기 때문에 꼭 서로 발전적인 방향으로 협업할 수 있는 출판사를 선택하셨으면 합니다.

인터뷰이: **노OO / 30대 / 공무원**
　　　　앱 개발을 비롯해 코딩, AI 관련 다양한 프로젝트 협업.

Q1. 앱 제작을 시작하게 된 계기가 있나요?

▶ 프로그래밍에 관심이 많아 C언어를 군대 가기 전에 잠깐 공부한
것이 시작이었습니다. 전역 이후 뭔가 실제적인 프로그램을 만들어
보고 싶어서 JAVA를 공부한 뒤 안드로이드 앱을 만드는 것을 목표로
삼았죠.

Q2. 발전이나 수익, 브랜딩 측면에서 만족하나요?

▶ 공부한 뒤 처음 예제 수준으로 처음 만든 앱인데 생각보다 수익
이 생겨 놀랐습니다. 물론 뚝딱 만든 것은 아니고 나름대로 디버깅이
나 사용자 편의를 위해서 3일 이상 쏟아부었던 것 같아요. 3일이란
시간이 짧게 느껴질 수 있겠지만 잘난 척이 아니라 제 앱의 수준이
능숙한 사람은 몇 시간 만에도 만들 만한 수준이거든요. 전 오히려
처음이다 보니 시간이 오래 걸린 편이죠.
　한 달에 몇 만 원 정도의 수익이지만 돈보다는 새로운 것을 시도

했다는 것이 더 의미 있고 기뻤습니다. 구글 개발자 아이디를 만들 때도 나름 미래까지 생각하고 고민해서 만들었습니다. 지속적으로 여러 가지 앱을 만들면서 혹시라도 대박이 나면 유명해질지도 모르니까요(하하).

Q3. 앱 제작의 좋은 점이 있다면?

▶ 어느 정도 완성된 앱을 내놓으면 유지 보수만 해도 수익이 들어온다는 점이 좋습니다. 물론 여러 개의 프로젝트를 관리하면 유지 보수 자체가 또 다른 부담으로 다가올 것 같아요. 유지 보수의 노력을 줄이기 위해 서버와 통신하지 않고 그 자체로 작동하는 앱 위주로 만들려고 생각 중입니다.

Q4. 앱을 제작하며 아쉬운 점이 있다면?

▶ 제 실력 말고 아쉬운 점이 또 있을까요? 능력과 의지만 있다면 무한한 가능성이 있는 것이 이 분야라고 생각해요. 프로젝트의 규모가 커지면 혼자서는 힘들겠지만, 당장은 취미로 하는 수준이지 그 정도까지 하고 싶지는 않네요.

▶ 프로그래밍을 하는 사람들을 보면 적성에 따라 그 자체로 재미를 느끼면서 하는 사람이 있는가 하면 밀린 숙제하듯이 괴롭게 하는 사람이 있어요. 굳이 자기 적성에 맞지 않는데 유행이라고 해서 시작하는 것은 좋지 않다고 생각합니다. 반면에 논리적, 절차적 사고가 재미있고 문제 해결 의지가 강한 사람이 하면 적성에 잘 맞을 것 같고요. 만약 자신이 그런 사람이라면 일단 시작해 보면 좋겠어요. 하다 보면 무엇을 해야 할지 보일 겁니다. 마지막으로 이론서만 보지 말고 무조건! 자신만의 프로젝트를 하면서 공부해야 백배는 더 재미있다는 걸 이야기해 주고 싶네요.

3

노하우를
강의로
나누기

1) 나는 왜 강의하는가

"혹시 강의해 주실 수 있나요?"

사람들에게 나눌 수 있는 게 전혀 없다고 생각했던 제게도 이제는 종종 연락이 옵니다. 몇 년 전만 해도 콘텐츠를 만들고 강의를 통해 지식과 지혜를 전하는 일이 특별한 능력이나 인맥, 행운 등을 거머쥔 사람들의 전유물이라고 생각했습니다. 하지만 지금은 아닙니다.

블로그, 유튜브 등 온라인 플랫폼을 통해 언제 어디서든 누구나 자신의 이야기를 전할 수 있고 그곳에 쌓인 내 지식과 경험들이 흘러 흘러 강의, 강연으로 이어지는 경우가 많습니다. 물론 모든 이야기가 무조건 강의나 강연으로 이어지는 것은 아닙니다. 당연히 수요가 있어야 하고, 강의를 요청할 만한 실력과 운이 필요합니다. 하지만 겁먹을 필요도 없습니다. 제가 했기 때문에 이 강의를 보고 있는 여러분도 분명히 할 수 있습니다.

강의를 해야 하는 이유

저는 남들 앞에 서서 제 생각을 전달하는 일을 아주 어려워하는 소심한 사람이기 때문에 강의라는 벽이 가장 어려웠습니다. 블로그와 유튜브는 나를 드러내지 않고도 이야기를 전할 수 있지만 강의에선 필연적으로 나를 드러내게 됩니다. 대면이든 실시간 온라인 강의든 강사는 얼굴을 보여 주는 것이 당연시되고 있기 때문입니다.

처음에는 강의를 몇 번이나 거절했지만, 소심하고 저를 드러내는 게 무서운 제가 결국 강의를 하게 된 이유가 있습니다. 그걸 바탕으로 여러분들도 강의를 꼭 해야 하는 이유를 정리해 보시면 좋겠습니다.

첫째, 수익을 극대화할 수 있습니다.

공무원이 할 수 있는 겸직 중 수익을 극대화할 수 있는 가장 좋은 방법이 강의입니다. 블로그와 유튜브로 얻을 수 있는 광고 수익은, 협찬이 불가하기 때문에 그리 크지 않습니다. 또 책 인세 역시도 초보 작가의 경우 만족스러운 수준은 아닐 겁니다. 하지만 이 세 가지를 기반으로 강의를 하게 된다면?

보통 강의를 한 번 나가게 되면 두 시간 기준 최소 20만 원을 받게 됩니다. 대면 강의뿐만 아니라 온라인 강의가 활성화되어서 나의 이야기를 원하는 수요만 있다면 집에 앉아서 20만 원을 벌 수 있다는 의미입니다. 이걸 다섯 번만 하면 100만 원이 채워지는 거죠.

둘째, 누구나 기회가 옵니다.

앞서 말했듯 N잡 소개 순서에도 의미가 있습니다. 가장 쉽게 시작할 수 있는 블로그로 글을 쓰면서 점점 영상, 책, 강의로 확장시켜 나가는 구조입니다. 이때 앞에 소개한 블로그와 유튜브는 책 쓰기로, 또 이것들이 다 같이 시너지를 일으켜 강의로 이어지게 됩니다. 조급한 마음만 버리고 꾸준히 콘텐츠를 쌓아 나가다 보면 강의를 할 수 있는 기회를 만날 수 있습니다. 이 사실을 꼭 기억하셔야 합니다.

물론 강의부터 해야지! 마음먹고 도전해 볼 수 있겠지만 감과 운이 좋은 분이 아니라면 쉬운 길이 아닐 게 분명합니다. 여러분이 수강생이라고 생각해 보면 아무것도 모르는 사람의 강의보다는 이미 경력이 증명된 사람의 강의를 찾아 듣게 되지 않을까요? 그러니 자신의 이야기를 온라인에 계속 쌓아 나가면서 자연스럽게 강의의 기회가 오기를 호시탐탐 노려 보세요.

셋째, 제대로 만든 강의는 계속 활용할 수 있습니다.

강의의 가장 큰 장점은 같은 주제로 강의를 한다는 전제하에 한 번 만들어 둔 강의 자료를 무제한으로 활용할 수 있다는 겁니다. 처음 강의안을 잘 만들어 두면 강의 대상에 따라 그때그때 내용만 알맞게 수정하면서 손쉽게 강의를 준비할 수 있습니다.

게다가 강의를 하다 보면 사람들에게 더 필요한 것들을 알게 되고, 또 필요하지 않은 것도 알게 되면서 자료는 조금씩 더 업그레이드됩니다. 그 과정에서 강의 노하우도 생기고, 강의 실력도 늘고, 사람들의 만족도도 올라가게 되죠.

넷째, 소자본으로 시작할 수 있습니다.
공무원의 외부 강의는 요청에 의해 이루어지거나 기관을 통해 이루어지기 때문에 따로 준비할 게 없습니다. 지식과 지식을 정리한 자료, 지식을 잘 전달할 수 있는 실력과 용기만 있으면 됩니다.

무자본이 아니라 소자본이라고 표현한 이유는 강의를 위한 지식과 경험을 쌓기 위해서 책을 산다거나 강의를 찾아 듣는 비용, 강의를 준비하기 위해 투자한 시간, 온라인 강의를 하기 위해 필요한 마이크나 화상카메라 같은 기본적인 준비물 등이 있기 때문입니다. 크게 부담될 정도의 금액이 아니기 때문에 이 역시도 강의를 해야 하는 이유 중 하나라고 생각합니다.

다섯째, 기회가 계속 이어집니다.
강의의 또 다른 장점은 기회가 계속 연결, 확장된다는 점입니다. 강의를 잘 준비하고 마쳤다는 전제하에 나를 부른 기관의 담당자를 통해서든, 수강생을 통해서든 강의의 기회는 계속 연결될 가능성이 높습니다.

제 지인의 경우에는 강의를 통해 알게 된 수강생이 출판사 관계자와 연결해 줘서 책을 쓰게 되기도 하고, A의 주제로 진행된 강의가 잘 이루어지니 B에 대해서도 강의를 만들어 줄 수 없겠느냐는 요청으로 강의를 확장하게 된 경우도 있습니다. 저 역시도 처음엔 겸직에 관한 강의로 시작을 했지만 세부적인 것 하나하나를 더 깊이 알고 싶다는 수요가 있어서 그에 맞게 강의를 나누어 진행한 경험도 있습니다.

2) 공무원이 강의할 수 있는 플랫폼 소개

공무원이 강의를 할 수 있는 플랫폼들에 대해 소개해 보려고 합니다. 특히 제가 몸담고 있는, 제가 직접 경험한 강의 즉, 교육공무원의 기준으로 강의 플랫폼들을 소개할 예정입니다. 이 내용을 바탕으로 각 소속 기관의 교육 플랫폼들을 더 알아보고 찾아보시는 것을 추천합니다.

먼저 너무나 뻔한 이야기라고 할 수 있겠지만 앞서 설명했던 블로그, 유튜브, 책 쓰기를 하다 보면 분명히 강의의 기회는 자연스럽게 오게 됩니다. 저 역시도 여러 가지 채널에서 활동을 하다 보니 라인 강의 제작 또는 대학교 글쓰기 특강, 도서관 강의 요청 등의 강의 제안을 받게 됩니다.

사실, 앞서 소개한 강의는 단 하나도 진행하지 못했습니다. 왜냐하면 이런 강의가 가능한 건지 의문이 드는데 어디 물어볼 곳도 없었고, 또 내가 무슨 이야기를 전할 수 있을지 겁도 났기 때문입니다. 운이 좋게 좋은 동료를 만나면서 용기를 내게 되었고, 그때부턴 한결 쉬워지더라고요. 제 이야기를 자극 삼아 여러분들도 꼭 도전해 보셨으면 좋겠습니다.

본격적으로 강의할 수 있는 플랫폼들을 소개하겠습니다.

대학이나 대학원, 도서관, 학교 등의 대면 강의

우선 규정에 명시되어 있듯이 대학원을 진학하셔서 대학의 시간 강사나 겸임교수를 하게 되는 경우가 있습니다. 아는 선배님의 경우에도 박사학위를 취득하고 현재 대학교에서 강사 활동을 하고 계십니다. 꼭 대학 강사 활동이 아니더라도 대학원에 진학하게 되면 함께 공부하는 분들끼리 책을 쓰는 등의 다양한 수익 활동이 가능하다고 알고 있습니다.

실시간 온라인 강의

더불어 공문을 확인하는 습관을 들이는 게 좋습니다. 본인 업무 관련한 정보뿐만 아니라 강의의 기회도 발견할 수 있습니다. 온라인으로 에듀테크 지식을 전달할 수 있는 '지식샘터'와 어학, 자기계발, 교육 관련 지식 등을 강의로 기획하여 전하는 '퇴근길 직무연수'라는 교육 강의 기회를 공문으로 발견할 수 있었습니다. 직접 강의 계획서도 작성하고 정해

진 규정에 맞게 강의안을 만드는 등의 심사를 통과해야 하는 과정을 거쳐서 강의를 진행하게 됩니다. 그런데 한 번 통과한 강의안을 매월 반복 활용할 수 있고, 지식샘터의 경우 두 시간 기준 세전 18만 원을 받을 수 있기 때문에 아주 매력적인 실시간 강의 사이트라고 생각합니다.

또 제가 말씀드린 곳 외에도 여러 가지 강의나 연수의 이름으로 오는 공문을 보고, 직접 그곳에 전화하여 문의를 해도 좋습니다. 이런 강의나 연수를 해 보고 싶은데 어떤 과정을 통해서 하게 되는 건지 당당하게 질문하세요! 물론 생각대로 술술 풀리진 않습니다. 저 역시도 공무원 친구를 통해 경기도 인재개발원을 알게 되었고 이곳에서 강의를 하고자 문의를 드렸더니, 강의 경력과 출신 학과로 점수를 책정하게 되고, 추후 강사 선정 소위원회를 거치는 등의 복잡한 과정이 필요해서 마음을 접은 적도 있습니다. 하지만 이렇게 과정을 알게 되는 것만으로도 제게는 큰 경험이었습니다. 망설이지 말고 물어 보세요!

온라인 강의 제작

온라인 강의, 연수를 제작할 수도 있습니다. '아이스크림 연수원', '티처빌 연수원' 등에서 강사 신청을 통해서 제작 기회를 얻을 수 있는데요. 아이스크림 연수원의 경우 강사 지원 메뉴를 통해서 들어가면 학습지도, 교과지도뿐만 아니라 교양 등의 분야에서 강사를 모집하고 있습니다. 전문 자격을 증빙할 수만 있다면 누구나 가능합니다.

또한 티처빌의 경우에는 나만의 콘텐츠로 직무연수를 만들 수 있는

'티스콘'이라는 메뉴가 있습니다. 직접 강의를 기획하고, 제작하고, 한국교육학술정보원의 심사를 통과하면 강의를 개설할 수 있습니다. 각 연수원별로 요구하는 강의 제작 방법 등이 상세하게 소개되어 있으니 직접 하나하나 살펴보셨으면 좋겠습니다.

인원 모집형 강의

최근에는 직접 인원을 모아서 강의할 수 있는 사이트들이 많아지고 있는데요. '쌤클래스'나 '쌤동네'라는 사이트에서는 교육공무원이 교육과 관련된 내용뿐만 아니라 자신만의 노하우, 특기를 담은 강의를 개설할 수 있습니다. 이 역시도 실시간 온라인 강의로 진행이 되며 앞서 소개 드린 플랫폼들과의 차이점은 인원을 모집한 만큼 강사의 수익이 늘어나는 구조라는 겁니다.

각 플랫폼별 수수료 차이가 있지만 15~20% 정도로 생각하면 되는데요. 두 시간에 2만 원짜리 강의를 만들어 30명이 들었다면 총 60만 원 중 48만 원을 강의료로 받을 수 있습니다. 규정에 맞게 상한액이 넘지 않게 인원과 금액을 조율하는 것이 중요하며, 금액 외에도 주제가 아주 특별하고 매력적인 게 아니라면 인원을 모집하기 위해 내가 뭘 하는 사람인지 브랜딩이 되어 있는 사람들에게 유리한 구조입니다.

생각보다 강의할 수 있는 곳이 많지 않나요? 특정 학위가 필요한 곳도 있지만 내가 그동안 쌓아 온 블로그, 유튜브 포트폴리오로도 강의가 가능한 곳도 있습니다. 또 교육공무원의 입장에서 소개드린 곳 외에도 소속기관별로 더 찾아 본다면 더 많은 기회들을 만날 수 있을 겁니다.

3) 강의 준비를 위한 A to Z

"가르치는 것은 두 번 배우는 것이다"라는 말이 있습니다. 강의를 하다 보면 수강생뿐만 아니라 가르치는 저 역시도 함께 성장하는 느낌을 받게 되는데요. 설명을 하면서 한 번 더 내 지식을 점검하게 되고, 질의응답을 통해 더 공부해야 할 것, 사람들이 궁금해하는 것들을 보완할 수 있게 됩니다. 이렇듯 끊임없는 공부와 나눔, 보완을 통해서 수익과 성장을 함께 노릴 수 있는 강의를 도전할 때에 미리 알아 두면 좋을 것들에 대해 소개하고자 합니다.

강의 기획 – 육하원칙에 맞게

만약 여러분들이 강의를 하게 된다면 평소 주로 다루고 있는, 공부하고 있는 콘텐츠로 강의를 하게 될 확률이 가장 높습니다. 그럼 그 주제로 강의를 어떻게 기획할 수 있을까요?

저는 육하원칙에 따라 강의를 기획합니다. '언제, 어디서, 어떻게, 누가, 무엇을, 왜'의 기준에 맞게 강의를 구상해 보세요.

먼저 '언제'는 강의 일정이나 강의 시간을 의미합니다. 강의 일정이 정해지면 최대한 빨리 1차 초안을 완성해 두세요. 그리고 틈틈이 떠오르는 아이디어들을 강의안에 추가해 나가야 합니다. 우리의 무의식은 강의에 대해 알아서 고민을 할 것이고, 그때부터는 책이나 사람들과 나눈 대화 속에서 강의에 사용할 수 있는 것들을 나도 모르게 찾아내게 됩니다. 그래서 최대한 빠르게 초안을 완성하고, 보완하는 과정으로 만들어 나가는 걸 추천합니다. 또 강의 시간이라 함은 강의 시간이 낮인지 저녁인지, 한 시간인지 두 시간인지에 따라 강의안을 구성해야 한다는 의미입니다.

'어디서'는 강의 장소를 말하겠죠? 만약 대면 강의라면 직접 방문을 해 보거나 사진으로라도 강의 장소를 미리 파악해 두어야 합니다. 컴퓨터나 빔프로젝터 등의 여부를 정확히 확인하고 머릿속으로 이미지 트레이닝을 해야 합니다. 많이 그려볼수록 좋은 결과물이 나옵니다. 또 온라인 강의라면 생각지도 못했던 오류 상황들을 꼭 테스트해야 합니다. 당일 화면이 켜지지 않는다면? 강의안이 열리지 않는다면? 마이크가 작동하지 않는다면? 이런 상황들을 머릿속에 그려보면서 미리미리 점검해야 합니다. 만약 열심히 준비했음에도 예상하지 못한 상황을 마주한다면? 최선을 다해 대처하되, 슬프지만 좋은 경험을 쌓았다고 생각하는 수밖엔 없습니다.

'어떻게'는 내가 전하고자 하는 주제를 어떻게 전달할지를 고민하는 겁니다. 어떤 순서로 강의를 해나갈 것인지 목차를 작성해 보는 과정이나 목소리의 톤과 속도는 어떻게 할 것인지, 영상을 쓸 것인지, 텍스트를 쓸 것인지 등 강의와 관련된 부분을 풀어 나가는 과정입니다. 예를 들어 저는 강의 시작 시점엔 저의 소개와 함께 이번 강의를 통해 수강생들이 얻어갈 혜택들, 진솔한 경험담을 풀곤 합니다. 이렇게 신뢰감, 친근감, 의욕을 불어넣는 거죠.

'누가'는 강의 대상을 말합니다. 유튜브에 대한 강의를 한다고 하면 공무원 대상 강의와 학생 대상 강의, 일반인 대상 강의가 다 다르겠죠? 하나의 같은 주제여도 듣는 대상에게 필요한 것, 궁금해할 만한 것, 실제로 활용할 수 있는 것들을 미리 떠올려 보고 강의안을 작성, 수정한다면 더 유의미한 강의를 완성할 수 있습니다.

'무엇을'은 말 그대로 어떤 내용을 넣을지를 정하는 겁니다. 앞서 언급했던 것들을 총합하여 내용을 만들어야 합니다. 이 부분에서 가장 중요하게 생각하는 것은 사람들이 지불한 돈이나 투자한 시간보다 훨씬 더 많은 것을 얻어갔다는 느낌이 들 수 있게 내용을 채워야 한다는 겁니다. 100만 원의 강의는 비싸게 느껴지지만, 그 강의를 통해 1,000만 원의 결과물을 만들어낼 수 있다면 수강생은 감동을 받고 돌아갈 겁니다. 이 부분에 중점을 두고 강의를 준비해야 합니다.

마지막으로 '왜'는 내가 이 강의를 왜 하는지, 수강생은 왜 이 강의가 필요하고, 또 그 강의를 하필 왜 나에게 듣는지를 잘 고민해야 한다는 겁니다. 단지 수익을 위해 강의를 준비한다면 사실 티가 날 수밖에 없습니다. 학창 시절을 떠올려 보면, 정말 수업 준비를 열심히 하며 그 과목에 진심인 선생님도 계셨고, 반대로 그냥 시간 때우러 오는 선생님도 계셨던 기억이 납니다. 이처럼 저를 포함한 여러분의 강의에도 이런 마음들이 다 담겨 있기 때문에 진짜 내가 내 지식과 경험을 재미있고, 유익하게 나누어 줘야겠다는 마음으로 접근하셨으면 합니다.

잘하는 법 - 많이 듣고, 많이 수집하기

육하원칙을 소개해 드렸지만, 처음 강의를 기획하는 일은 어렵게 느껴지는 게 당연합니다. 그럴 때 활용할 수 있는 가장 좋은 방법은 강의를 많이 들어 보는 겁니다. 내가 강의하고자 하는 주제를 다룬 다른 강사님의 강의를 들어 봐도 좋고, 평소 공부하고 싶었던, 궁금했던 분야를 배워 보셔도 좋습니다. 그런 면에서 온라인 강의 플랫폼의 구독형 전환은 제게는 꿈만 같았습니다. 예전에는 강의 하나를 듣기 위해 돈을 냈었는데, 이제는 같은 돈을 내고 모든 강의를 들을 수 있으니까요.

다른 분들의 강의를 듣다 보면 강의안 구성과 같은 내용적인 면뿐만 아니라 강사마다 강의 스킬이나 활용 도구, 강의 혜택, 강의 모집 글, 모집 방법 등 정말 많은 것들을 배울 수 있습니다. 하나의 강의를 제작하기 위해서 많은 시간 고민하고, 수정하고, 완성해 나갔을 것이 분명하기 때문에 배움의 자세로 접근한다면 정말 많은 것들을 얻어갈 수 있을 겁니다. 이때 주의할 것은 절대 다른 사람의 강의를 베껴선 안 된다는 겁니다. 주제가 같다고 해서 내용을 복사, 붙여넣기하여 따라하는 것이 아니라 큰 틀의 흐름을 보고, 나만의 경험, 관점, 지식이 담긴 강의를 만들어야 합니다. 다시 한번 말하지만 배우는 것이지 베끼는 게 아닙니다.

홍보 방법

강의를 제작하기로 결정되었다면 반드시 해야 하는 것이 홍보입니다. 그런데 이 홍보라는 게 참 어렵습니다. 막상 홍보하려고 하면 괜히 사람들이 싫어할까봐 눈치도 보이고, 홍보 열심히 했는데 잘 안 되면 어떡하지, 하는 생각도 듭니다. 저 역시도 그런 생각들에 부딪혔는데 그 문제를 해결할 수 있는 해답을 이번에도 책에서 찾았습니다.

앞서 소개한 박정부의 책 『천 원을 경영하라』에 나온 내용을 다시 인용해 봅니다.

"상품은 진열하는 것이 아니라 표현하는 것이다. 상품을 표현하려면 상품을 알아야 한다. 표현이 안 된 상품은 고객의 눈에 절대 띌 수 없고, 고객의 눈에 보이지 않는 상품은 절대 팔릴 수 없다."

열심히 강의를 만들어 놓고 알리지 않는 것은 결국 내 시간과 노력을 스스로 물거품으로 만드는 일입니다. 마음 속 부끄러움이나 타인의 시선보다는 내 시간과 노력을 떠올려 보세요. 사실 정말 열심히 강의를 제작했다면 부끄러울 이유도 없습니다. 블로그, 유튜브, 인스타그램 등 그동안 키워 온 SNS를 총동원하여 홍보하세요. 내 강의가 필요한 사람들의 눈에 띄게 만들어야 합니다.

인기 있는 강의의 지름길

인기 있는 강의가 되기 위해 해야 할 일은 무엇이 있을까요? 앞서 말한 내용과 비슷합니다. 사람들이 지불한 값보다 더 많은 가치를 주면 됩니다. 그러기 위해선 좋은 콘텐츠가 단연 첫 번째입니다. 기대했던 것보다 더 자세하게, 예상했던 것보다 훨씬 유익한 시간이 되게 해야 합니다. 공부하고 또 공부하세요. 그리고 불필요한 내용은 과감하게 빼세요. 핵심은 간결하게, 예시는 다양하게. 중간 중간 유머가 있다면 더 좋고요. 너무 어렵나요?

　아무튼 사람들이 강의를 만족스럽게 들었다면 그 만족감을 표현하게 만들어야 합니다. 후기 이벤트를 통해 강의 후기를 모아야 합니다. 수강생의 개인적인 만족으로 끝난다면 여러분의 강의는 거기서 멈출 가능성이 높습니다. 글로 후기를 작성해 그 글을 다음 예비수강생들이 볼 수 있게 해 주어야 합니다. 강의안을 제공해 주든, 추가적인 내용을 담은 파일을 주든, 아니면 커피 쿠폰이라도 주는 겁니다. 강의 준비와 실제 강의만큼 강의 후 활동도 신경 써야 합니다.

　마지막으로 질문 창구를 열어 두면 좋습니다. 강의를 들으면서 생기는 질문은 질의응답 시간을 활용할 수 있지만 실제 궁금한 내용은 강의를 마치고 집에 돌아가면서 생각나기 마련입니다. 그럴 때 편히 질문할 수 있도록 인스타그램이나 오픈채팅방을 활용하면 좋습니다. 다만 이때에는 강사의 시간과 에너지를 너무 많이 할애해야 할 수 있으므로 기간을 정해 주면 좋습니다. 강의 후 일주일간 질문 시간을 준다든지 아니면 자주 묻는 질문에 대해 정리한 글이나 영상을 제공해도 좋고요.

이상으로 강의를 시작할 때 알아 두면 좋을 것들에 대해 정리해 보았는데요. 정말 도움이 되었으면 좋겠습니다.

4] 인터뷰: 강의하는 공무원

인터뷰이: **장OO / 20대 / 공무원**
교육콘텐츠를 제작하여 교육기업과 협업 및 강연.

Q1. 강의를 시작하게 된 계기가 있나요?

▶ 같은 직종에 근무하는 선배가 이끌어 주었습니다. 강의와는 전혀 관련 없는 하루하루를 보내던 중에 좋은 기회를 만난 거죠.

▶ 관심 있는 분야가 생기면 깊이 파 보는 성격입니다. 맡은 업무 특성상 강사 초빙을 하게 되는 경우가 종종 있는데 우수한 강사를 꾸준히 초빙하고 직접 찾아다니면서 여러 정보를 얻고 서로의 실천을 공유하는 과정에서 많은 아이디어를 얻을 수 있었어요. 관심사가 비슷한 다른 사람들과의 교류도 이어나가던 중에 강의 시장을 꽉 잡고 있던 선배 한 분께서 개인 사정으로 강의를 하기 어렵게 되었다는 소식을 들었어요. 그런데 그때부터 제게 강의 요청이 오기 시작하더

라고요. 강의를 한다는 말은 곧 돈을 받는다는 것인데 내가 그런 돈 값을 할 수 있는지에 대해 확신할 수 없었기 때문에 선뜻 나서지 못했습니다. 꽤 오랜 시간을 망설였죠. 하지만 결국 지속적인 요청에 용기를 내기로 했죠.

Q2. 발전이나 수익, 브랜딩 측면에서 만족하나요?

▶ 발전 = 만족, 수익 = 불만족, 브랜딩 = 불만족.

▶ 나에 대해 많은 것을 돌아보게 되었어요. 강의를 듣기만 하던 나의 입장이 반대로 바뀌었기 때문에 어떤 방식으로 사람들이 움직이고 강의 요청이 오가는지 그런 면에서 견문을 많이 넓힐 수 있었습니다. 다른 기관의 연수 비용이 내 통장으로 들어온다는 것은 엄청나게 부담스러운 일이었어요. 다른 사람들에게 저를 잘 포장해야 했어요. 그러기 위해서는 강의 자료의 질을 높이기 위해 수시로 노력하는 수밖에 없더라고요. 저는 특히 강의 자료를 위해 시간을 많이 씁니다. 제가 가진 경험과 성취들을 모두 자료화하기 시작했는데 이게 축적될수록 굉장히 다양한 상황에서 활용할 수 있다는 것을 깨달았어요. 이 과정 속에서 내가 지금까지 해 왔던 것, 앞으로 해 나갈 것들에 대해 전면적으로 성찰하는 계기가 된 거죠. 수익이 늘어나는 것은 당연히 좋고요.

Q3. 강의하며 좋은 점이 있다면?

▶ 직장 업무 외에 나만의 무기가 있다는 게 아주 큰 장점이라고 생각합니다. 강의를 진행하면서 나만의 스킬도 발전하는 게 느껴질 정도니까요. 제 콘텐츠를 밝히기는 어렵지만, 강의 특성상 강의를 진행하고 나면 수강생 × N명의 사람들에게 영향을 준다는 보람도 있어요.

▶ 다양한 사람들을 만날 수 있다는 것이 가장 좋아요. 또 내가 좀 더 노력하고 잘해야, 내 강의를 듣는 사람이 하나라도 더 얻을 수 있다는 생각이 열심히 살아가는 동력이 되기도 해요. 앞서 말했듯 강의 자료를 위해 교육 실천들을 데이터화하는 작업 같은 것이 아주 소중한 경험이 되었다고 생각해요. 업무 경험 자체도 의미가 있긴 하나, 그 경험을 어떻게 자료화해 놓느냐에 따라 나중에 그 활용 가치가 매우 달라질 수 있다는 걸 뼈저리게 느꼈죠. 사실 먹고 살기 힘든데 100~200만 원이라도 살림에 보탤 수 있다는 점도 빼놓을 수 없습니다.

Q4. 강의하며 아쉬운 점이 있다면?

▶ 강의 시장에서도 언택트 바람이 불면서 초반엔 줌(Zoom)을 통한 강의가 익숙지 않아 굉장히 어려웠어요. 또 제가 강의하는 분야에 대

한 사회적 시선이나 편견이 있기도 하고, 공무원의 특성상 강의 지원금의 한계도 있어서 그 부분이 아쉽게 느껴질 때가 있네요.

▶ 뿌듯하게 끝난 강의도 있지만, 생각보다 불만족스러운 경우도 많습니다. 강의마다 구성원, 분위기, 참여도가 모두 천차만별이기 때문이죠. 아주 딱딱한 곳에서는 강의를 하면서 상처를 받기도 해요. 막 시비를 거는 사람도 있었어요.

Q5. 강의를 하고 싶은 사람들에게 해 주고 싶은 조언이 있다면?

▶ 업무 외에 자기 관리, 발전한다고 생각하고 준비하고 강의하면 여러모로 편할 겁니다. 대신 강의 내용은 편해선 안 됩니다. 우선 자신이 강의하려는 주제에 대해 잘 알고 있어야 하는 건 기본이겠죠. 어설픈 실력으로 '대충 이렇게 저렇게 하면 되겠지' 하며 강의에 나가게 되면 의외의 질문들에 고전할 가능성이 매우 높습니다. 질문에 대한 답변을 할 때 당황하는 태도는 강사의 신뢰도를 결정하기 때문에 스스로 자신감이 있고 잘 알고 있어야지만 이러한 부분에 대처할 수 있다고 생각합니다.

▶ 진부하게 들릴지 모르겠지만 기회가 있으면 일단 한번 해 보는 것이 좋습니다. 망하더라도 해봐야지만 내가 무엇이 부족하고 잘하는지 알고 고칠 수 있어요. 물론 처음부터 망하면 나중에 안 좋은 소

문이 날 수도 있어서 저는 첫 강연 전에 주변 지인들을 불러 실제로 강의를 보여줬어요. 가감 없는 피드백을 통해 부족한 부분은 수정하기도 했어요. 처음 강의를 다닐 때는 관리자, 상급자 눈치를 많이 봐야 해요. 윗분들이 어떤 성향인지에 따라서 활발하게 활동할 수 있는 정도가 크게 영향을 받는 것 같아요.

또 돈 되는 것보다 자신이 좋아하는 것을 하는 게 좋아요. 그냥 '요즘 이 분야가 뜨니까 연구해서 돈 좀 벌어 봐야지' 하는 마음으로 시작한다면 오래, 잘하기는 어렵죠. 한 가지 팁을 드리자면 다양한 자료를 미리 만들어 두세요. 그리고 강의 요청이 들어오면 요청 측의 요구에 맞게 약간씩 변형하여 활용하면 됩니다. 예를 들면 왕초급자용부터 최상급자용까지 전부 PPT 예제를 만들어 두고, 강의 요청이 들어오면 그 자료에서 추출해서 수준을 맞추는 식이죠. 이론적인 것도 풀 버전, 중간 버전, 요약 버전 등으로 레퍼토리를 나누어 준비하면 좋습니다.

4

곱하기가 되는 재테크

서두에서 이야기한 김승호 회장님의 말을 다시 떠올려 봅시다. 부자가 되는 방법엔 세 가지가 있습니다. 상속을 받거나, 복권에 당첨되거나, 사업에 성공하거나. 사업은 다시 두 가지로 나뉩니다. 직접 창업을 하거나 남의 성공에 올라타거나.

　사업의 본질은 재화와 서비스를 생산하는 것입니다. 공무원이 생산해 낼 수 있고 수입까지 얻을 수 있는 게 무엇이 있을까요? 이제는 떠올려야 합니다. 그렇습니다. 공무원은 지식을 생산해 수입을 창출하는 일이 가능합니다. 이 방법에 대해서는 앞에서 계속해서 이야기했으니 이번엔 다른 방법에 집중해 봅시다.

또 하나의 방법은 바로 남의 성공에 올라타는 것, 그게 바로 주식 투자입니다. 성공하고 있는 또는 성공할 것 같은 기업에 내 자금을 투자하여 그들이 일할 수 있도록 돕는 것. 투자의 대가들이 말하는 투자의 기본 원칙만 잘 지킨다면 내가 직접 사업을 하지 않으면서 기업의 이익을 나눠 가질 수 있는 권리를 얻고, 실제 이익을 얻을 수 있는 것이죠.

그리고 공무원은 이 투자의 영역에서 생각보다 유리한 점이 많습니다. 우선, 은퇴 시기까지 연봉과 월급의 흐름을 비교적 정확하게 예측할 수 있습니다. 또한 개악의 리스크는 있지만 공무원 연금과 공제회를 통해 노후자금을 비교적 여유 있게 준비할 수 있으며, 안정적인 직업이기 때문에 은행에서 대출을 할 때에 유리한 면이 있습니다. 그리고 의지만 있다면 공부할 시간도 충분하죠. 마지막으로 세계 최강국인 미국의 주식 시장이 업무 시간이 아닌 밤에 열리기 때문에 직장의 눈치를 보지 않고 투자 활동에 참여할 수 있습니다.

여전히 투자를 하기에는 매월 나를 위해 쓰기에도 적은 월급이 마음에 걸리기는 하지만 그래도 투자를 해야겠다는 마음이 조금은 들었기를 간절히 바랍니다.

투자에 뛰어들기 전 생각해 볼 다섯 단계

투자에 뛰어들기 전에 꼭 생각해 봐야 할 것들이 있습니다. 개인적인 생각으론 다음 다섯 단계는 거쳐야 본격적으로 투자를 시작해도 좋다고 생각합니다.

먼저 자신의 현금 흐름을 파악해야 합니다. 내가 받는 월급은 얼마이고, 어떤 내역으로 이루어져 있는지 알아야 합니다. 그리고 성과급이나 정근 수당이 있다면 언제 들어오는지 연간 흐름을 파악하세요. 또 나의 소비 패턴을 파악하기 위해 자산관리 앱 중 마음에 드는 것을 골라 고정 지출, 변동 지출, 저축 가능 금액을 파악해야 합니다.

두 번째로 파악이 어느 정도 끝났다면 목표를 설정해야 합니다. 부자가 되고 싶다면 얼마가 있어야 부자인지를 스스로 고민해 볼 필요가 있습니다. 그리고 목표를 세울 때에는 항상 단기적인 큰 이벤트인 결혼이나 주택 구입, 자동차 구입 등을 고려해야 합니다. 처음부터 완벽한 계획은 없기 때문에 우선 큰 이벤트를 포함하여 자신만의 목표 금액을 설정해 보세요.

또 이 과정에서 자신의 연금도 파악해 보길 바랍니다. 젊은 세대는 공무원 연금을 받지 못할 것이라는 이야기가 있는데, 이런 소문은 직접 확인해 보는 게 좋습니다. 똑똑한 교육공무원분의 도움을 받아 알게 된 저의 연금은 대략 130만 원 대로 그려지더라고요. 물론 절대 정확한 금액은 아닙니다.

공무원 연금공단에서 확인하면 되는 일 아니냐고요? 그곳에서 지금 확인할 수 있는 금액은 여러분이 은퇴 후 받는 실제 금액이 아닙니다. 이는 지금까지 내가 넣은 금액만을 기준으로 은퇴 시에 받는 연금을 말하는 것이기 때문에 시간이 지나면서 점점 늘어나게 됩니다.

그럼 좋은 걸까요? 그렇지만도 않습니다. 안타깝게도 연금제도는 앞으로도 개혁될 가능성이 높기 때문에 우선 당장은 '2015 공무원 연금개혁 백서'를 참고하여 자신의 상황에 맞는 연금 예상 금액에 임금 상승률을 곱해 계산을 하고, 개악의 리스크를 곱해 가늠해 볼 수 있습니다. 말이 어렵지요? 만약 이 과정을 생략하고 싶다면 공무원 연금을 계산할 수 있는 유료 프로그램의 도움을 받을 수도 있습니다. 검색 포털에 '공무원 연금 계산'이라고 검색만 해 봐도 금방 찾을 수 있을 겁니다.

세 번째로 목표로 가는 길을 구체적으로 그려 보는 단계입니다. 실제 목표 금액을 정하고, 목표 달성 기간을 정하면 처음엔 분명 이게 가능한가, 하는 생각이 들 수밖에 없습니다. 목표를 낮추거나 돈을 열심히 더 불리는 방법밖엔 없겠죠. 그래서 우리에겐 투자가 필요합니다. 인터넷에 검색하면 나오는 '투자복리계산기'를 이용해 현재 내가 가지고 있는 자산, 매월 모을 수 있는 금액, 투자로 얻고 싶은 연 수익률을 넣어 보세요.

참고로 '워런 버핏'은 투자 기간 동안 연평균 약 20%의 수익률을 기록하고 있고, 미국 500대 대기업의 주가 지수를 기준으로 하는 '스탠더드 앤드 푸어스(S&P) 500' 지수 역시 출시 이후 현재까지 연평균 수익률 약 11%를 기록하고 있다고 하니, 전문 투자자가 아닌 우리는 한 자리 수 수익률을 넣어 보는 게 현실적이겠죠? 아니면 차라리 처음부터 S&P 500 ETF 투자를 모아 가는 게 해답이 될 수도 있겠네요.

네 번째는 현실 개조 단계입니다. 앞서 설명한 계산을 하고 보면 내가 세운 목표 금액에 도달하기 위해선 나의 현금 흐름에 큰 변화가 필요하다는 걸 깨닫게 될 가능성이 높습니다. 제가 그랬거든요. 저는 소비를 줄이고, 저축을 늘리며, 부수입을 벌어서, 투자를 해야겠다는 결론에 도달했습니다. 모두 비슷한 생각일 겁니다. 그럼 앞서 파악한 소비와 저축 부분을 내 목표치에 부합하게 수정해 주세요.

마지막 다섯 번째는 실행과 공부 단계입니다. 계획보다 중요한 건 실행이겠죠? 가능한 최대 저축을 통해 내 자산을 키워 나가야 합니다. 이때 저축만 한다면 하수, 투자 공부를 한다면 중수, 투자 공부를 하면서 소액으로 실전 투자도 해 본다면 고수라고 생각합니다. 처음에는 저축부터 실패할 분들이 많기 때문에 사실 저축만 잘해도 훌륭한 겁니다. 10% 수익을 내는 것보다 10% 절약하는 게 더 쉽다는 사실만 기억하세요.

2) 학교에서는 배우지 못한 투자의 세계에서 살아남는 방법

사실 투자에 정답은 없습니다. 현재 재정 상황, 투자 스타일, 목표 수익률, 타이밍 등 모든 것이 제각각이기 때문이죠. 그래서인지 세계 최고 부자 중 한 명인 '오마하의 현인' 워런 버핏조차 본인의 투자 원칙을 주주 서한에서 상황에 맞게 공개할 뿐 직접 쓴 투자 서적이 없다고 합니다. 하지만 정답이 없다고 해서 공부할 필요도 없는 건 아닙니다. 무조건 수익을 가져다 주는 마법 공식은 없지만, 제대로 공부를 통해 좋은 기업과 동행할 수 있는 혜안을 얻을 수 있습니다. 이는 수많은 성공한 투자자들이 우리에게 전하는 공통된 메시지입니다.

정말 다행인 건 공부하기 참 좋은 환경이 갖춰져 있다는 점입니다.

워런 버핏의 말과 글을 모아 둔 책부터 장기간 높은 수익률을 기록한 대가들의 서적, 매일 쏟아지는 애널리스트들의 리포트, 동학개미운동을 돕는 질 좋은 다큐멘터리, 영화 그리고 유튜브 영상들까지. 이 자료들을 보고 읽으며 우리가 해야 할 일은 단 하나, 자신만의 원칙을 발견하고 우직하게 지켜 나가는 일입니다. '이거 사면 얼마 번다더라' 식의 남의 말에 휘둘리는 투자는 성공 가능성이 제로에 가깝다는 게 학계의 정설인 만큼, 투자 고수들의 목소리에 귀 기울이고 직접 시장에 뛰어들어 치이기도 하면서 자신만의 투자 원칙을 쌓아 나갑시다.

주식 관련 콘텐츠 총정리

위 QR 코드에는 제가 정리한 주식 관련 콘텐츠들이 포함되어 있습니다. 처음 주식에 관심을 갖게 되었을 때 어디서부터 어떻게 공부해야 할지 몰라 한참 헤맸던 기억이 있는데, 이 자료들이 조금이나마 도움이 되었으면 좋겠습니다. 저는 투자 잘하고 있냐고요? 확실히 예전보다 여러모로 좋습니다. 무엇보다 나만의 원칙이 단단해지고 마인드 역시 탄탄해졌달까요? 이제 여러 다양한 방법 중 공무원분들에게 도움이 될 만한 주식 투자 원칙들을 소개하고자 합니다.

단기 투자 vs 장기 투자

주식 투자를 구분하는 기준 중에 '기간'이 있습니다. 단기 투자와 장기 투자. 사람마다 정의하는 기간의 범위가 제각각이지만 여기선 매일 또는 가격의 변동성에 따라 쉽게 사고팔면 단기 투자, 기업을 믿고 연 단위로 동행하는 투자를 장기 투자라고 하겠습니다. 사실 하루 사이에도 주식을 몇 번이나 사고파는 사람도 많은데, 이는 직장인에겐 사실상 불가능한 매매법입니다. 업무 시간이나 잠자는 시간에 계속 주식 창을 확인하고 매매를 할 수는 없으니 말입니다. 또 기업의 가치가 특별한 일이 아닌 이상 하루아침에 달라질 가능성이 거의 없기 때문에 단기적인 주가 변동에 흔들릴 이유도 없습니다. 그렇기에 저는 단기 투자보다는 장기 투자가 저에게 맞는다는 결론에 이르렀습니다.

특히 빨리 돈을 벌고 싶은 욕심으로 감당할 수 없을 정도로 대출을 받아 투자한다거나 타인의 말만 믿고 변동성이 큰 주식에 대책 없이 뛰어들지만 않는다면, 공무원의 정년 보장이라는 이점 역시 장기 투자와 좋은 시너지를 만들어 낼 수 있습니다. 여유 자금으로 복리 효과를 충분히 누릴 수 있다는 건 주식 시장에서 살아남기 위한 강력한 창과 단단한 방패를 쥔 것과 같죠.

장기 투자의 기본은 좋은 기업을 저렴한 가격에 사서 오래오래 함께하는 겁니다. 좋은 기업인지 저렴한 가격인지를 판단하기 위해선 당연히 공부가 필수입니다. 기업과 산업 공부를 통해 앞으로 성장할 가능성이 있는 기업인지 또는 지금처럼 꾸준히 잘 나갈 기업인지를 판단할 수 있어야 합니다. 물론 이게 쉽지는 않아요. 어떤 이는 영업이익이 꾸준히 증가하는 기업을 좋은 기업이라 하고, 또 어떤 이는 당장 이익을 내지 못하지만, 미래에 폭발적으로 성장할 가능성을 가진 기업이 좋은 기업이라고 합니다. 이 부분에 대해선 앞서 이야기한 책과 영상을 통해 대가들의 이야기를 참고하고 시장에 뛰어들어 좋은 기업에 대한 자신만의 원칙을 세워 나가야 합니다. 한 가지 힌트를 드리자면, 당신이 그 기업의 주인이라고 생각하고 접근하면 조금 시야가 트일 겁니다.

한국 주식 vs 미국 주식

'동학개미운동? 드디어 주식 시장에 똑똑한 개인들이 나타났다!'
'그래도 한국 주식은 영원한 박스피다. 답이 없다. 세계 최강 미국 주식으로 가자!'

우리나라 증권시장의 동향을 판단할 수 있는 대표적인 지수인 코스피 지수에는 오랜 별명이 하나 있습니다. 코로나 이전 10년이 넘는 기간 동안 지수가 1,800~2,400 박스권을 벗어나지 못하고 있다 하여 '박스피'라고 합니다. 반면 미국 증권시장의 대표 지수인 다우존스지수는 꾸준히 우상향하고 있고, 미국 글로벌 기업들의 영향력을 지금은 우리나라에서도 쉽게 느낄 수 있습니다. 다만 한국 기업만큼 기업의 동태를 파악하기는 쉽지 않다는 한계가 있기 때문에 한국 주식과 미국 주식 중 어디에 투자해야 할지 고민하는 투자자가 많습니다.

누가 봐도 세계 최고인 미국 기업! 반대로 말하면 이미 모두가 주목하고 다 샀을 것이 분명하기 때문에 엄청나게 비싸다는 뜻일 수도 있습니다. 게다가 세금, 환율, 기업 공부의 한계도 있어요. 그럼 한국 주식을 해야 하나? 알다시피 저렴한 주식에는 대부분 이유가 있기 마련입니다. 너무 작은 시장, 대북리스크, 주주 친화적이지 않은 기업문화 등이 있죠. 결국, 두 시장 모두 장단점이 있다는 의미입니다.

고민할 시간에 둘 다 투자해 보면 어떨까요? 하나의 시장을 선택한다면 다른 하나의 기회를 날릴 수 있다는 뜻이기도 합니다. 시장을 고민할 에너지를 기업의 가치를 고민하는 데 활용해 보셨으면 합니다. 어차피 장기 투자로 결정을 내렸다면 기업을 공부한 후 밤엔 미국 주식을 사고 낮엔 한국 주식을 사면 됩니다. 저의 경우 5대 5 비율로 나누어 투자를 하고 있고, 수익률은 들쭉날쭉하지만 현재 기준으론 미국이 앞서고 있네요.

ETF와 배당주 투자도 방법!

워런 버핏은 언젠가 미리 써 놓은 자신의 유언장에 아내를 위한 구체적인 투자 지침을 담았다고 합니다. 기부 후에 남은 자산의 10%는 단기 국채에 투자하고 나머지 90%는 '인덱스펀드'에 넣으라는 것이죠. 인덱스펀드는 주가 지표의 움직임과 연동하도록 포트폴리오를 구성하여 시장이 오르는 만큼의 수익률을 목표로 하는 펀드를 말합니다. 그만큼 미국 시장의 우상향을 믿고 있다는 뜻이기도 하고, 초보자가 종목 매매로 시장만큼의 수익률을 얻기도 쉽지 않다는 뜻이기도 합니다.

이런 인덱스펀드를 거래소에 상장시켜 투자자들이 편하게 거래할 수 있게 만든 상품이 ETF(Exchange Traded Fund)입니다. 개별 종목을 투자하는 것보다 위험을 분산할 수 있어 안정적이겠지요. 물론 큰 수익을 기대하긴 어렵지만, 은행 이자보다 기대 수익이 커서 최근 큰 인기를 끌고 있는 종목 중 하나입니다. 만약 개별 기업을 공부할 여력이 없고 은행 이자보다는 높은 수익을 원한다면 ETF 투자도 하나의 대안이 될 수 있어요.

또 다른 방법이 있습니다. 바로 배당주 투자입니다. 은행에 예금을 맡기면 이자를 더해 돌려주는 것처럼 기업의 주식을 가지고 있으면 이자와 비슷한 개념인 배당을 주는 기업이 있습니다(원래는 당연히 돌려주어야 한다고 생각하지만 우리나라 기업은 아쉽게도 배당 성향이 높지 않습니다). 배당이란 기업이 일정 기간 영업을 해서 발생한 이익 중에서 일부를 주주에게 나누어 주는 것을 말하는데요, 이때 배당하는 돈을 '배당금'이라고 합니다. 기업마다 배당 여부와 배당률이 천차만별이기 때문에 이 부분은 공부가 필요하겠습니다.

다만 배당을 잘 주는 기업 위주로 한정 지어 생각할 수 있기 때문에 관심 가져야 할 기업이 줄어들게 됩니다. 또 일반적으로 배당을 꾸준히 잘 준다는 기업은 사업이 건실하게 잘 되고 있다는 의미이기 때문에 안정적으로 은행 이자보다 높은 배당금을 받으며 장기적으로 주가 상승을 통한 시세차익까지 노릴 수 있는 괜찮은 방법입니다.

적립식 투자를 하자

앞서 공무원의 정년 보장이 장기 투자와 좋은 시너지를 만들 수 있다고 이야기했습니다. 이는 주가가 오르든 내리든 매월 일정 금액을 적립식으로 투자하는 방법을 염두에 두고 한 이야기입니다. 좋은 기업을 선택했다면 월급 중 일부를 꾸준히 투자해 보는 건 어떨까요?

주식 투자가 어렵다고 말하는 이유 중 하나는 주가의 변동성을 견디기 어렵다는 점입니다. 하지만 적립식으로 투자를 하면 주가가 내렸을 땐 싸게 살 수 있어서 좋고, 주가가 올랐을 땐 주가가 올라서 좋습니다. 자신이 고른 기업이 장기적으로 우상향할 것이라 믿는다면 적립식 투자는 변동성으로 인한 스트레스를 확연히 줄여 줄 보호막이 될 겁니다.

인터뷰이: **정OO / 30대 / 공무원**
　　　　주식 투자로 돈을 모아 카페 창업 성공.
　　　　남OO / 30대 / 공무원
　　　　투자 경력 3년 만에 서울 자가(주택) 매수 성공.
　　　　김OO / 30대 / 공무원
　　　　경제 공부를 시작하며 다주택자가 되어 임대 병행.

Q1. 투자를 시작하게 된 계기가 있나요?

▶ 직장 수입만으로는 살아가는 데 부족함이 많다고 느꼈습니다. 결혼을 준비하면서도 결혼한 이후에도 실제로 정말 나갈 돈이 많다는 걸 실감했어요. 그래서 가장 먼저 공부를, 경제와 투자 공부를 해 보기로 마음먹었죠. 비슷한 생각을 가진 지인들에게 제 생각을 솔직하게 털어놓고 주식 공부 모임을 만든 게 첫 시작이었어요.

▶ 매체에서 집값이 폭풍 상승하는 추세였고, 확실히 갭 투자하기에도 좋은 상황이었어요. 또, 주변 지인들이 주택을 구매하라고 적극적인 조언을 했고, 제대로 해 보자는 생각으로 난생처음 유료 부동산 상담을 받았습니다. 상담을 통해 주택에 투자해야겠다고 생각했고 세 달 동안 부동산 관련 책과 뉴스를 꾸준히 보면서 지역을 선정했죠. 자본금이 많지 않았기 때문에 갭 6천만 원 이하의 아파트를 물색하게

되었어요. 그래서 ○○지역에 첫 투자를 하게 되었습니다.

▶ 부모님께서 투자하시는 모습을 보면서 시작했습니다. 아버님이 이삿짐센터 사업을 하시면서 자연스럽게 부동산 시세와 재개발, 재건축 소스를 자주 접하게 되었고, 저도 결혼 자금을 마련하며 자연스럽게 부동산에 관심이 생기게 되었죠. 부모님과 함께 돈을 합쳐 제 명의로 집을 마련했고, 그 부동산을 기반으로 나중에 수익이 발생했을 때 또 다른 도약을 할 수 있겠다는 자신감이 생겼습니다. 또 다른 투자를 위해 미리미리 공부해야겠다는 생각이 들었어요.

Q2. 발전이나 수익, 브랜딩 측면에서 만족하나요?

▶ 우선 경제 흐름을 읽고 있는 저를 발견하고 놀랄 때가 있어요. 정말 만족합니다. 반도체나 자동차 섹터의 이야기는 용어가 정말 어렵다고만 느껴졌었는데 요즘은 마음만 먹으면 좋은 공부 자료를 구할수 있어서 길지 않은 시간 공부했음에도 이제는 웬만한 이야기는 쉽게 이해가 되어서 좋아요. 물론 수익 자체만으로 생각했을 땐 만족스럽진 않습니다. 하지만 한 번 하고 말 투자가 아니어서 조급하지도 않죠.

▶ 여러 지표상 앞으로도 가격이 상승할 거라고 생각하지만, 정부 규제가 강력해져 최근 거래량도 없고 시장이 얼어붙은 거 같아 아쉬운

게 사실입니다. 그래도 부동산 투자를 시작하면서 시장 흐름에 눈뜨게 되었고, 경제에 대한 전반적인 흥미를 갖게 되었습니다. 특히 경제 관련 지식이 단기간에 많이 쌓인 것 같아서 좋아요. 부동산을 시작으로 주식, 금 등 다양한 분야의 투자에 관심이 생기고 공부하게 되었습니다. 그 부분이 가장 만족스러워요.

▶ 단순 투자 지식뿐 아니라 거시경제 공부를 함께 하고 있습니다. 개인적으로 부동산과 주식에 필요한 용어와 흐름과 같은 분석도 중요하지만, 거시경제를 통해 돈이 어떻게 돌아가는가에 대해서 공부를 하면 할수록 새로운 지식도 늘고 시야도 넓어진다고 느끼고 있어요. 자기계발뿐만 아니라 은퇴 후 생활을 준비해야 하기에 투자 공부는 여러모로 만족스럽습니다.

Q3. 투자하면서 좋은 점이 있다면?

▶ 퇴근 후에 한국 뉴스, 미국 뉴스, 증시 리포트 등을 읽고 있습니다. 그 시간을 쌓다 보니 어느새 세계가 돌아가는 구조, 방법, 흐름이 보이기 시작해요. 뉴스가 재미있게 들리고요. 과거에 좋아했던 게임이나 쇼핑과 같은 취미가 하찮은 거였다고 생각될 정도로 투자 공부 자체가 재미있습니다. 평생 즐길 수 있는 취미를 찾은 것 같아 좋습니다.

▶ 일단 구매하고 나니, 확실히 더 관심이 갑니다. 부동산이라고 하

면 괜히 막연하고 두렵게 느껴졌었는데 이제는 정부 정책이나 뉴스를 관심 있게 지켜보게 되었습니다. 어떤 정책이 나왔을 때, 시장 반응은 어떤지 등의 경험적 데이터가 축적되고, 그 지식이 차곡차곡 쌓이는 것 같아요. 투자 전과 투자 후의 가장 큰 변화는, 투자 수익을 떠나서, 관심의 폭과 깊이가 많이 달라진 것 같습니다.

▶ 지식적인 측면과 미래에 대한 안정감, 더불어 대인관계에도 좋다고 생각합니다. 요즘 워낙 투자에 관심이 높다 보니 어딜 가나 사람들이 투자 얘기를 합니다. 그런데 만약 그 주제에 제가 관심이 없어서 대화에 참여하지 못한다면? 삶의 재미 중 하나를 누리지 못하는 거겠죠.

Q4. 투자하며 아쉬운 점이 있다면?

▶ 사실 국내 주식 시장에 대해서 회의적인 목소리가 많이 들려오는데 공부를 하다 보니 어느 정도 공감하게 되더라고요. 시장 자체의 신뢰도를 의심하게 만드는 사건, 사고들도 많고, 기업의 가치보다는 주가의 변동성에만 초점을 둔 투자자들이 많다 보니 성숙하지 않다는 생각이 들어요. 그래서인지 미국 주식 시장이 굉장히 부럽습니다. 미국 투자자들은 현지 상황이나 기업의 분위기 등 한국 투자자에 비해 더 쉽게, 더 많은 정보를 얻을 수 있다고 생각해요. 그래서 미국 시장에 크게 뛰어들 용기가 생기지 않아요. 그 점이 제일 아쉽습니다.

▶ 좀 더 이른 시기에 바른 경제관념을 가졌더라면 하는 아쉬움이 있어요. 시장에 일찍 참여했다면 더 여러 곳에 투자할 수 있지 않았을까 하는 생각이 있습니다. 하지만 어차피 주기는 돌아올 것이기에 조급하지 않고 경험을 계속 누적시켰다가 다음 타이밍에 좋은 매물을 얻을 수 있는 안목을 기르겠다는 생각으로 임하고 있습니다.

▶ 당연히 조금 더 일찍 시작하지 못했던 것. 부모님께서 '내가 5년만, 10년만 빨리 시작했어도 더 큰 돈 벌었을 것 같아'라고 말씀하시는 걸 들으며 지금도 공감하고 있습니다. 시기와 타이밍을 위해 항상 관심을 가져야 한다고 생각합니다.

Q5. 투자를 시작하려는 사람들에게 해 주고 싶은 조언이 있다면?

▶ 투자를 적극적으로 해 봤으면 좋겠습니다. 물론 대가들이 말하는 정석적인 방법도 있지만, 처음엔 지인 말도 들어 보고, 짧은 매매도 해 보고, 여러 방법을 하면서 자신에게 맞는 길을 찾았으면 좋겠어요. 무엇보다 경험이 가장 중요하다고 생각해요. 마이너스 수익도 견뎌 보고 습관을 개선해 나가면서 공부의 필요성을 느낀다면 사실 그 자체만으로도 절반은 성공이라고 봅니다. 그 이후엔 시장 안에서 성장해 나가야죠.

▶ 처음부터 "완벽하게 부동산의 모든 지식을 알고 시작하겠어", "난

주식에 대해 전반적인 것을 다 알고 시작하겠어" 같은 마인드가 많아요. 저도 그랬고요. 하지만 이건 잘못된 생각이라고 생각해요. 일단은 시작하면서 배우는 게 맞더라고요. 물론 소액으로. 정말 시작하고 나면 투자에 임하는 자세나 태도도 달라지고, 같은 뉴스나 정보를 봐도 그것에 대해 고민하고 이해하려는 열정도 달라지기에 결국 더 단기간에 시장을 파악하고 이해하게 되는 것 같습니다. 지인의 관심사도 정말 중요한 것 같아요. 자주 어울리는 지인들과 이러한 경제에 대해 많이 이야기 나누고, 서로 공부하면 혼자 할 때보다 더 방대한 자료를 단기간에 습득할 수 있고, 미처 파악하지 못한 점도 놓치지 않을 수 있죠. 이래서 사람들이 유료 부동산 모임을 하는 것이구나 하는 생각도 들었어요. 마지막으로 한마디만 덧붙이자면 일확천금을 꿈꾸지 않아야 합니다. 조급한 마음은 결국 탈이 나더라고요.

▶ "아직 모아 둔 돈이 없어서 공부가 의미가 없을 것 같다", "부동산 용어가 어렵고 너무 자주 바뀌어서 어렵다", "어디서부터 어떻게 해야 할지 모르겠다" 같은 이야기들을 많이 합니다. 하지만 공부한 사람만이 기회를 잡을 수 있어요. 지금 당장 돈이 넉넉하지 않아도 공부는 시작해야 해요. 용어나 공부 방향, 방법이 어렵다면 주변에 관심 있는 사람들을 찾아보세요. 그리고 친해지려고 노력해야 합니다. 무엇이든 붙잡고 물어보세요. 또 아는 게 있으면 나누시고요. 직접 궁금한 내용을 세세히 물어보는 것만큼 효과적인 공부 방법은 없다고 생각합니다.

잊지 말아야 할 N잡러의 다섯 가지 도구

지금까지 공무원 N잡러를 위한 구체적인 기술을 알아보았습니다. 하지만 못질하는 기술을 가지고 있어도 못과 망치가 없으면 못질을 할 수 없듯 기술이 있어도 재료와 도구가 없다면 지금까지 읽었던 내용은 모두 그림의 떡일 뿐입니다. N잡의 기술의 토대가 되는 다섯 가지 재료이자 도구를 알아봅시다.

첫째, 원 소스 멀티 유즈

앞서 여러 번 언급했지만, 하나의 재료를 다양하게 활용한다는 의미입니다. 제가 소개한 겸직들에도 이 원리를 활용해 볼 수 있습니다. 사실 이 책을 구성할 때 겸직 소개 순서에도 의미가 있었습니다. 쉬운 것부터 어려운 것으로 난이도 측면에서 고려해 배치한 것도 있었지만 블로그에 쓴 글 하나를 여러 가지로 활용할 수 있음을 보여드리고 싶었습니다.

제가 골목책방이라는 채널을 운영하는 방법, 확장해 나간 방법에 대해 시간 순서로 설명해 보겠습니다. 먼저, 책을 읽고 블로그에 글을 한 편 씁니다. 그리고 그 글을 그대로 녹음을 하고 미리캔버스로 글에 어울리는 화면을 제작합니다. 화면과 녹음한 내용을 가지고 스마트폰으로 영상을 편집합니다. 완성된 영상을 유튜브에 업로드합니다. 그리고 이때 만든 화면, 글을 가지고 인스타그램에 올리는 거죠. 이 과정을 반복하며 깨달은 유튜브 노하우를 전자책으로 씁니다. 전자책 원고는 각 출판사에 보내 정식 책 출간의 기회도 노려 봅니다. 그렇게 책과 관련된 콘텐츠를 쌓아 나가다 보니, 도서관에서 책으로 유튜브 하는 법을 일반인들을 대상으로 강의해 달라는 제안이 옵니다.

이렇게 하나의 주제로, 적은 에너지로 손쉽게 여러 채널을 운영할 수 있습니다.

둘째, 나를 널리 알리려고 노력할 것

우리는 모두 커뮤니티 활동을 합니다. 그렇지만 커뮤니티를 제대로 활용하는 사람은 많지 않습니다. 여러분이 겸직을 제대로 해내고 싶다면 커뮤니티 활동을 통해 정보를 습득하는 것을 넘어 자신의 존재를 드러내야 합니다. 질문을 던지고 답도 나누고 지식과 지혜, 소중한 경험담 등을 공유하며 돈독한 관계를 맺는 일에 적극적으로 나서야 합니다. 커뮤니티 활동을 하다 보면 스스로 나눌 수 있는 게 없는지 능동적으로 공부하게 되고 타인의 목소리에 귀 기울이게 되며, 관계 맺는 방법까지 자연스레 익힐 수 있습니다.

커뮤니티 리더십의 중요성을 설파하고 있는 이소영 저자의 책 『홀로 성장하는 시대는 끝났다』에 이런 말이 나옵니다. "대부분의 학문은 현실 세계에서 숨 쉬며 변화해 나간다. 활자로만 배울 것이 아니라 그 학문에, 기술에 관심 있는 사람들이 모여 대화하고 토론하고 현실에 적용해 볼 때 진짜 살아 있는 공부가 되는 것이다." 여기에 한마디만 덧붙이고 싶습니다. 살아 있는 공부는 움직이려는 힘을 가지고 있습니다. 제자리에 가만히 서 있는 것만큼 힘든 일도 없죠. 지식역시 마찬가지 아닐까요? 살아 있는 공부를 하다 보면 분명 널리 퍼뜨리게 될 기회가 계속 여러분의 문을 두드릴 겁니다.

셋째, 실행력이 먼저다

자기계발 코치인 개리 비숍의 책 『시작의 기술』에는 이런 말이 나옵니다.

> "당신은 당신 생각이 아니다. 당신은 당신의 행동이다. 당신은 당신이 하는 일이다. 당신을 가고 싶은 곳으로 가지 못하게 막고 있는 유일한 것은 당신의 행동이다."

여러분이 정말로 성공하고 싶다면 여러분을 정의하는 것은 생각이 아닌 행동임을 기억해야 합니다. 사람들은 말만 번지르르하고 행동하지 않는 사람을 신뢰하지 않습니다. 성공도 마찬가지죠. 행동하지 않는 자는 행운의 여신을 만날 기회를 얻지 못합니다.

읽었으면 실행하고, 들었으면 움직이고, 알았으면 행동해야 합니다. '나도 투자할걸 그랬어, 나도 유튜브할걸 그랬어'와 같은 생각과 말은 누구나 할 수 있습니다. 하지만 알토란 같은 결과물은 모두 행동한 사람의 몫이죠. 무엇이든 아웃풋하는 습관을 들여 봅시다.

넷째, 환경 설정은 제대로

20대의 제 특기는 작심삼일이었습니다. 결심하고 계획한 일이 사흘을 넘기지 못하고 흐지부지되고 말았죠. 방학을 앞두고 매번 그렸던 방학 계획표는 물론이고 '몸짱'이 되고 싶어 과감하게 큰돈을 투자한 헬스장 회원권, 계획적인 다음 해를 기대하며 하나하나 비교하며 구입한 다이어리까지. 어느 것 하나 꾸준히 해 본 적이 없었습니다.

하지만 이제는 오히려 꾸준한 게 유일한 장기라고 말할 정도로 백팔십도 바뀐 인생을 살아가고 있습니다. 그 해결책이 바로 적절한 환경설정이었습니다. 꾸준히 할 수밖에 없도록 환경을 구축했다는 의미인데요. 다독가들은 대개 가방은 물론이고, 침대 머리맡, 책상, 심지어는 화장실에도 책을 둔다고 합니다. 책을 읽을 수밖에 없게 만드는 것이죠.

"환경은 약한 자를 지배하지만 현명한 자의 목적을 달성하는 수단이 되기도 한다." 프랜시스 베이컨의 말입니다. 여러분은 어떤가요? 환경에 지배당했나요, 아니면 목적을 달성하는 수단으로 활용하셨나요? 생각해 보세요.

겸직을 하기로 결정했다면 콘텐츠 제작이나 공부를 꾸준히 할 수밖에 없도록 환경을 구축해 보세요. 글이 잘 써지는 시간을 찾아보세요. 저녁 약속이 많다면 새벽에 일어나서 콘텐츠를 만드는 것도 방법입니다. 또 자신만의 장소를 찾아다녀 보세요. 생각이 술술 정리되는 카페라든지 또는 집 안에서도 유독 집중이 잘되는 공간을 찾아본다든지 세세하게 환경을 구축해 보세요.

개인적으로 추천하는 가장 좋은 방법은 강제성을 부여하기 위해 함께하는 사람들과 벌칙을 정하고 실행하는 겁니다. 돈이나 벌칙을 걸고 하면 실행력이 순식간에 폭증하는 것을 경험할 수 있을 거라 확신합니다.

다섯째, 에너지 관리는 기본

공무원은 대부분 출퇴근 시간이 정해져 있어서 N잡에 투자할 수 있는 계획을 세우기에 큰 어려움이 없습니다. 다만 시간만큼 소중하게 다뤄야 하는 자원이 에너지입니다. 충분하지 않은 에너지를 고민 없이 스마트폰과 유튜브, 재밌는 영화, 드라마, 술자리 등에 소비해선 안 됩니다. 물론 그 시간이 무의미하다는 뜻은 아닙니다. 하지만 원하는 방향을 성공과 성장으로 잡았다면 그 시간을 줄일 필요가 있는 거죠.

우리의 에너지는 한정적이기 때문에 똑똑하게 사용하지 않으면 금세 바닥이 나거나 순식간에 어디론가 흘러가 버릴 가능성이 큽니다. 할 일이 너무 많고 바쁘다는 생각이 머릿속을 가득 채우고 있지만 정작 진전되기는커녕 제자리만 걷는 느낌이 든다면, 진짜 필요한 일에 쓸 에너지와 시간을 제대로 활용하지 못하고 낭비하고 있는 것과 같습니다.

이때 가장 좋은 방법은 우선순위를 적는 겁니다. 하루의 시작 전 오늘 꼭 해야 하는 일, 하지 않아도 될 일을 구분하고 에너지를 적시적소에 투입해 보세요. 그리고 하루의 마무리엔 우선순위를 잘 지켰는지 확인하는 일이면 충분합니다.

항상 피터 드러커의 말을 기억하세요. "측정하지 않으면 관리할 수 없고, 관리할 수 없으면 개선할 수 없다." 삶을 바꾸고 싶다면 계획하고 측정하고 관리해야 합니다.

이외에도 실패를 당연하다고 받아들이기, 장기적인 사고 갖기 등 하고 싶은 말은 많지만, 틈틈이 충분히 전달했기 때문에 다시 언급하지는 않으려고 합니다. 지금까지 길게 풀어 놓은 경험담과 노하우들이 여러분이 겸직이라는 새로운 길로 발을 내딛고자 할 때, 방향을 고민하고 선택하는 데 필요한 나침반 역할을 해 줄 수 있길 바랍니다.

N잡의 세계로 뛰어드신 것을 환영합니다
- 일반 직장인보다 공무원이
N잡하기 더 좋은 세 가지 이유

부모님들이 가장 많이 추천하는 직업, 공무원. 그 이유는 안정적인 직업이라는 이유 때문일 겁니다. 그렇게 안정적이라는 말만 듣고 공무원이라는 세계에 뛰어든 사람이 많습니다.

그런데 공무원, 정말 안정적일까요? 안정적이라면 저는 왜 이렇게 먹고 살기 쉽지 않았을까요? 제가 씀씀이가 커서? 아니면 시간이 가면 해결되는 문제? 그렇게 해결의 기미가 보인다면 이렇게 책을 만들진 않았겠지요.

저는 저축의 한계를 뼈저리게 느꼈고 또 미래를 위해 현재를 포기하는 삶을 받아들이고 싶지 않습니다. 제가 원하는 삶은 대한민국에서 가장 좋은 강남의 30평형대 아파트, 명품을 고민 없이 살 수 있는 재력, 매년 초호화 여행을 떠나는 여유는 아닙니다. 물론 할 수 있으면 좋겠지만 그런 삶은 공무원뿐만 아니라 모두에게 쉽지 않은 일입니다. 그래서 보통 이런 것들에는 '꿈'이라는 이름이 붙는 거겠죠?

저는 단지 맛있는 음식을 사먹을 때 가격에 대해 크게 고민하지 않았으면, 여행을 갔을 때 이왕이면 깨끗하고 시설 좋은 호텔에서 묵을 수 있었으면, 옷을 고를 때 최저가 순이 아니라 좋아하는 디자인 순으로 장바구니에 담길 원할 뿐입니다. 50대가 되면 가능하다? 물론 가능한지에 대해서도 의문이 들지만, 저는 지금 이 순간에도 그렇게 살고 싶었습니다. 그래서 겸직, N잡을 시작했습니다.

사실 안정적인 직업이라는 개념은 지극히 상대적인 표현입니다. 고용 문제를 겪고 있는 분들의 입장에서 바라본 공무원과 대기업 종사자가 바라본 공무원, 공무원이 바라본 공무원이 같을 순 없겠죠. 월급이 적다며 툴툴거리는 공무원에게 이런 말을 많이 합니다.

'그래도 잘리지 않고 시간이 지날수록 봉급이 안정적으로 높아지는 게 어디냐?'

보통 사람의 인생 주기를 떠올려 볼까요? 내 집 마련, 결혼 등 큰 이벤트들이 20대 후반에서 30대 후반까지 연이어 자리 잡고 있습니다. 이 돈을 감당하기에는 공무원 초년생의 봉급은 너무나 작고 귀엽습니다. 현재의 즐거움을 최소화할 수밖에 없습니다. 게다가 물가가 오르는 속도가 공무원의 월급이 오르는 속도보다 빠르다는 건 이제 모르는 사람이 없습니다.

'내 집 마련은 천천히 해도 되지 않냐.'

매월 100만 원 씩 모으면 1년 후엔 1,200만 원. 10년이면 1억 2천만
원. 지금까지의 집값 상승률을 생각했을 때 10년 후면 수도권 30평대
아파트 화장실 정도 살 수 있겠네요. 안타깝지만 그 부분은 공무원이
되기로 마음먹은 순간부터 어느 정도 감내할 생각을 하고 있었습니다.

'공무원이면 결혼할 때 그래도 괜찮은 조건 아니냐?'

결혼은 정말 말하기 쉬운 문제가 아닙니다. 직업, 집안 분위기, 재력,
종교 등 어마어마한 것들이 걸려 있죠. 이 책에서는 경제적인 측면에서
이야기하기로 했으니 직업과 재력에 대해 이야기해 보겠습니다. 아주
간단합니다. 저는 금수저가 아니기 때문에 제가 능력이 있다는 걸 보여
줘야 합니다. 현실적으로 공무원이라는 직업만으로 결혼을 확신할 사
람, 많지 않습니다. 그래서 제 가치를 높이려고 하는 거죠.

'돈 모으지 말고 YOLO(You Only Live Once), 현재를 즐기면 되지 않
냐?'

오해하시면 안 됩니다. 제가 미래를 포기하고 싶지 않다고 해서 현재
를 포기하고 싶다는 뜻은 아닙니다. 둘 다 잘 준비해야죠. 장기적인 플
랜 안에서 단기적인 즐거움도 놓치지 않으려다 보니 물론 시간은 더디

고, 오래 걸릴 수 있습니다. 하지만 공무원의 장점이 결국 안정성이라면 그걸 잘 활용할 수 있지 않을까요?

'어차피 공무원 연금 있지 않냐?'

맞습니다. 있긴 있는데 생각과는 달리 아주 적습니다. 또 계속해서 공무원 연금을 건드리려는 움직임을 보이고 있죠. 아무리 열심히 막으려고 해도, 나의 생각, 의지와 다르게 공무원 연금은 개악될 수 있기 때문에 항상 대비는 세워 두어야 합니다.

마지막에 와서 제 이야기를 잠시 해 보자면 저는 물려받을 돈이 전혀 없었습니다(아마 있다고 해도 굉장히 넉넉한 집안이 아닌 이상 부모님의 노후 준비에 타격이 있겠지요? 그걸 원하진 않습니다). 그래서 열심히 저축을 해야 했습니다. 그런데 저축이 어디 쉬운 일인가요? 어영부영 시간이 흐르다 보니 어느덧 결혼 적령기가 되었고, 모아 둔 돈으로는 내 집 한 채는 커녕 전세도 대출을 왕창 끼고 들어가야 한다는 사실을 깨닫게 되었습니다.

그래서 생각을 합니다. 결혼을 꼭 해야 하는 건지, 돈을 꼭 모아야 하는 건지. 이런 고민은 어떤 직업이든 한다고요? 그래서 공무원이 마냥 안정적이지 않다는 겁니다. 자본주의 사회에 속해 있는 사람에겐 경제적 안정이 무엇보다 중요합니다. 그래서 제가 찾은 방법은 두 가지가 있었습니다. '공무원을 그만두고 돈 많이 버는 일을 알아보거나 공무원을 하면서 돈을 더 버는 것.' 저는 후자를 선택했습니다. 직장과 월급이 주는 심리적 안정감은 확실하니까요!

'그런데 공무원이 월급 말고 어떻게 돈을 더 벌어?'
'일하는 것도 힘든데 무슨 퇴근하고 또 일을 해?'

그래서 원칙을 세웠습니다.

'좋아하는 걸로 합법적으로 돈 벌자.'
'대신 제대로 한번 해 보자, 내 가치를 높여 나가자.'

그렇게 퇴근맨의 공무원 N잡이 시작되었습니다.

'공무원이 부업, N잡? 한다고 해도 수익이 적지 않아?'

수익의 크기는 오로지 각 영역 안에서 내가 어떻게 하느냐에 달려 있습니다. 물론 수익 극대화 면에서는 광고 수익처럼 수익성이 많은 부분을 진행할 수 없는 한계도 있는 게 분명합니다. 하지만 분명 장점도 있습니다. 저는 N잡을 하기에 공무원이 일반 직장인보다 훨씬 유리한 점도 세 가지 있다고 생각합니다.

첫째, 잘릴 걱정이 사기업보다 현저히 적습니다.
안정적인 현금 흐름과 그 현금 흐름을 언제까지 가져갈 수 있는지는

100세 시대에는 아주 중요한 요소입니다. 사기업의 경우 성과를 내야 하고, 그 안에서 경쟁을 해야 하며, 살아남기 위해선 야근, 사회생활, 회식 등 신경 써야 할 거리가 많습니다. 월급이 많은 만큼 해야 할 일과 들어가는 노동력의 강도가 훨씬 높습니다.

둘째, 시간 활용 면에서는 그 어떤 직업보다 좋습니다.
공무원 역시 성과를 내야 하거나, 야근을 할 수 밖에 없는 바쁜 시기가 있는 것은 맞지만 사기업에 비해 9 to 6를 확보하기에 유리한 편이라고 생각합니다. 일과 시간이 명확히 정해져 있다는 것은 시간을 통제하기 좋다는 의미이기에, 출근 전 시간 또는 퇴근 후 시간을 부업에 꾸준히 투입할 수 있습니다. 공무원 부업의 핵심은 꾸준함이기 때문에 시간 통제가 가능하고 활용할 수 있는 시간이 많다는 점에서 공무원이 사기업보다 유리하다고 생각합니다.

셋째, 합법적으로 할 수 있는 것들이 분명히 있습니다.
공무원 복무규정 등을 살펴보면 친절하게 정리되어 있음에도 불구하고 살펴보지 않았을 뿐입니다. 심지어 20쪽 내외로 모든 내용을 확인할 수 있고, 의문이 드는 점은 인사혁신처에 문의를 하면 됩니다. 물론 공무원이 아닌 직종에 비해 제한되는 부분이 있기에 그 부분을 잘 인지하고 부업을 해 나간다면 합법적인 겸직이 가능하다는 것 꼭 기억해 주세요.

지금까지 제가 경험하고, 생각하고, 공부한 내용을 모두 아낌없이 풀었습니다. 간단하게 정리해 보겠습니다.

우리는 한번쯤 공무원의 안정성에 대해 고민해 봐야 하며, 만약 진정으로 경제적인 자유를 꿈꾼다면 필연적으로 '콘텐츠 제작'이라는 세상에 발을 들여야 한다.

혹시 제 이야기에 고개를 끄덕이셨나요? 아니면 특별한 이야기는 없다고 생각하셨나요? 제가 연수를 할 때마다 마지막 멘트로 던지는 질문이 있습니다.

"여러분 '평진범행'이라는 단어를 들어보셨나요?"

아마 대부분, 아니 이 책을 읽은 모든 분들이 처음 들어본 단어일 겁니다. 제가 만든 말이기 때문인데요. 바로 '평범한 진리를 비범하게 실천(行)하라'는 의미입니다.

실제로 우리가 아는 대부분의 진리들(예를 들어 행복해지는 법, 부자가 되는 법, 건강해지는 법 등)은 정작 그 진리를 깨우친 사람들의 이야기를 들어보면 특별한 게 없습니다. 오히려 평범한 쪽에 가깝습니다. 행복해지려면 욕심을 줄이며 자신에 대해서 잘 알아야 하고, 부자가 되기 위해선 절약과 저축을, 그리고 소득과 자산을 늘리기 위해 노력해야 합니다.

건강한 삶을 위해선 무엇을 해야 할까요? 운동을 열심히 하고, 몸에 좋은 음식을 먹고, 주기적으로 질병 관리를 하는 것. 특별하지 않습니다. 하지만 이러한 평범한 진리를 머리로 이해하는 것과 삶에 녹이기 위해 실천하는 것은 전혀 다른 문제입니다. 우리가 알고 있는 대부분의 진리를 어떻게 실천하느냐에 따라 삶의 모습이 확연히 달라집니다.

성공이라는 과실(果實)은 모두 실천하는 사람의 몫입니다.

이 책에서 나눈 제 소중한 노하우들이 선생님들의 일상에서 꾸준하게 실천되어 훌륭한 과실로 열매 맺기를 간절히 바랍니다.